경쟁 PT의 지침서

이것만 알면 프레젠테이션 전문가

BM (주)도서출판 성안당

머리말

사회 구성원으로 활동하기 위해서는 끊임없이 커뮤니케이션해야 한다. 커뮤니케이션이 원활하지 않으면 자신의 역량을 충분히 보여 줄 수 없을 뿐 아니라 주어진 기회마저 놓치게 된다. 그만큼 커뮤니케이션 역량은 사회 생활에서 반드시 갖춰야 할 요소이며 그중 프레젠테이션 역량은 기업과 사회 조직에서 많이 사용하는 커뮤니케이션 수단이다. 하지만 프레젠테이션 역량이 중요하다는 것을 알면서도 관심을 갖고 체계적으로 개발하기는 어렵다.

필자가 IT 기업에서 PM(Project Manager)의 PT 코치를 시작할 때만 해도 관련 자료를 찾기 위해 많은 고생을 했다. 일반 사설 학원의 문을 두드려 보기도 하고 다양한 PT 도서를 읽어 보기도 했지만, 일반적인 PT 스킬에 대한 내용이 주를 이루고 있었고 업무의 특성을 고려한 경쟁 PT 교육 정보를 얻기는 어려웠다. 기업에서 PT 코치 업무를 하면서 어떤 것이 좀 더 효율적이고 평가위원을 효과적으로 설득할 수 있을지에 대해 실무를 통해 터득할 수밖에 없었다.

필자는 기업에서 PT 코치와 PT 강사로 활동하면서 발표자가 어떤 것을 힘들어 하는지 발표자의 심리 상태를 잘 이해할 수 있게 됐다. 또한 발표를 준비하는 과정에서 시행착오를 겪으며 아까운 시간을 보내고 발표가 임박하고 나서야 지난 시간을 아쉬워하는 경우를 많이 봤다. PT는 누구에게는 쉽지만, 누구에게는 공포의 대상이 된다.

어느 날 제안 발표자가 조금은 편안하고 효율적으로 발표를 준비할 수 있는 참조 자료가 있으면 좋겠다는 생각을 하게 됐고 이에 따라 그동안 기업에서 15년 넘게 PT 코치 업무를 하면서 터득한 경험을 바탕으로 내용을 정리했다.

이 책에서 다루는 내용은 경쟁 PT이지만, '진리는 하나로 통한다'라는 말처럼 모든 발표에 적용할 수 있다. 이 책이 제안 발표를 앞둔 사람이나 대중 앞에서 발표를 잘하고 싶은 사람에게 조금이나마 도움이 되기를 바라는 마음으로 책을 출간한다.

끝으로 이 책이 나올 수 있도록 물심양면으로 도와준 나의 가족과 동료, 후배에게 감사의 마음을 전한다.

전병진

차례

제 1 장 왜 프레젠테이션을 하는가?

01 발표자는 무엇을 얻고자 하는가? 13
02 평가위원이 원하는 것은 무엇인가? 17
03 평가위원은 어떻게 평가할까? 24
04 발표 자료의 용도는 무엇인가? 29

제 2 장 발표 전에 반드시 확인해야 할 것들

01 제안사는 무엇을 잘할 수 있는가? 37
02 고객은 무엇을 원하는가? 40
03 경쟁사는 누구인가? 45
04 발표 장소의 환경은 어떠한가? 48
05 전달하려는 핵심 메시지는 무엇인가? 54
06 발표 방향은 어떻게 설정할 것인가? 57

제 3 장 원고를 연극 대본처럼 작성하라

01 발표 시간을 고려해 작성하라 67
02 발표 시에는 구성 요소 네 가지를 담아라 70
03 용어 선택에 정성을 들여라 73
04 발표 내용을 구조화하라 76
05 발표 자료를 활용해 작성하라 78
06 귀에 술술 들리게 작성하라 80
07 자주 범하는 실수를 줄여라 84
08 지속적으로 보완하고 다듬어라 88

제 4 장 연습에 왕도는 없지만 요령은 있다

01 발표의 흐름을 먼저 숙지하라 95
02 나누고 합쳐서 숙지하라 98
03 전달력을 높이는 도구, 목소리 100
04 청중과 연결하는 끈! 아이 콘택트 111

05 발표 공간을 장악하라 115
06 몸짓 언어는 말보다 강력하다 119
07 영상 매체는 가장 좋은 스승 122
08 웃음! 마음의 문을 여는 열쇠 124

제 5 장 창과 방패의 대결, 질의응답 시간

01 질의응답에 보조 자료를 활용하라 133
02 질문은 끝까지 성의 있게 들어라 136
03 제안사의 특장점으로 응답하라 138
04 질문의 의도를 파악하라 142
05 청중과 논쟁하지 말라 146
06 명백한 오류나 실수는 인정하고 받아들여라 148
07 어려운 전문 용어를 피하고 고객의 눈높이에 맞춰라 151
08 질의응답 롤 플레이를 하라 153

제 6 장 이것만 알면 프레젠테이션 전문가

01 먼저 PT 기획으로 목적지를 정하라 161
02 아는 만큼 보인다! 공부하고 활용하라 169
03 오프닝과 클로징에 집중하라 173
04 탄탄한 스토리로 청중을 몰입시켜라 191
05 실무에서 활용하는 스토리라인 발굴 기법 202
06 발표의 프레임워크를 지켜라 209
07 제목과 목차는 발표의 골격이다. 골격은 튼튼하게! 217
08 근거를 제시하고 사례로 말하라 225
09 다양한 시청각 자료를 활용하라 228
10 청중의 입장에서 자료를 준비하라 232
11 발표 자료는 못 먹어도 3GO 235
12 발표 자료는 원칙을 갖고 검토하라 248
13 손쉽게 발표 자료를 검토하는 방법 256
14 발표에서는 자신감이 첫 번째이다 264

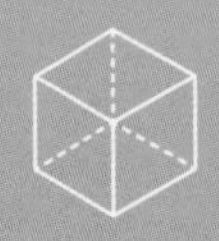

PRESENTATION

1장

왜 프레젠테이션을 하는가?

취업을 하기 전에는 토익 점수, 토플 점수, 기술 자격증과 같이 문서로 확인할 수 있는 스펙이 중요하지만, 막상 직장 생활을 시작하면 문서로 나타낼 수 없는 요소가 더 중요해지기 시작한다. 그중에서도 커뮤니케이션 역량은 조직 생활을 하는 사람에게 빼놓을 수 없는 요소이다. 기업에서 이뤄지는 커뮤니케이션의 종류로는 토론(Debate), 회의(Conference), 협상(Negotiation), 계약(Contract), 면담(Interview)을 들 수 있다. 이들은 좀 더 격식을 갖춰 시청각 자료를 활용한 PT(Presentation)로 진행되기도 한다.

내용의 차이는 있지만, PT는 여러 분야에서 커뮤니케이션 도구로 활발하게 활용되고 있다. 이제 PT는 업종과 관계없이 일상적으로 이뤄지고 있으며 그중에서도 경쟁 PT 역량은 조직 생활에서 필수품이 된 지 오래됐다. 하지만 대부분의 PT는 자발적으로 행해지기보다 담당 업무로 또는 다른 사람의 권유로 어쩔 수 없이 행해지는 경우가 많다.

더욱이 직급이 올라갈수록 매출이나 수익을 창출하기 위해 PT를 해야만 하는 상황이 많아진다. 이때 경험이 많거나 발표를 좋아하는 사람이 아니라면 발표를 앞두고 걱정이 많아질 수밖에 없다. 특히, 사업을 수주하기 위한 경쟁 PT의 경우에는 막중한 책임감으로 발표가 더욱 부담스럽게 느껴지기 마련이다.

하지만 어쩔 수 없이 시작하게 된 발표가 전화위복(轉禍爲福)이 되는 경우도 있다. 의외의 성공으로 주변 사람에게 발표를 잘하는 사람으로 인정받게 되고 경제적인 보상을 받기도 한다. PT는 이제 조직 생활에서 피할 수 없으며 피할 이유 또한 없다.

'왜 경쟁 PT를 하는가?'

이 질문에 대답을 하지 못하는 발표자는 없을 것이다. 하지만 발표를 준비하는 과정에서 발표자의 과도한 업무와 스트레스로 인해 발표의 목적을 놓치는 경우가 자주 발생한다. 발표일이 다가올수록 원가 계산, 투입 공수 산정, 협력업체 미팅과 같이 신경 써야 할 일도 점점 많아져 발표 준비 시간은 절대적으로 부족해진다.

더욱이 매출 부서, 실행 부서, 영업 부서와 같은 제안 관련 부서에서는 PM이 발표 준비를 잘하고 있는지 확인하고 싶어하고 공식적인 PT 리허설을 요청하기도 한다. PT 리허설을 하고 나면 개선 의견이 쏟아지고 PM은 리허설에서 지적받은 내용을 반영하기 위해 다시 바빠진다.

그나마 위안이 되는 것은 발표일이 정해져 있다는 것이다. 준비를 잘하든 못 하든 발표일은 다가온다. 발표하는 날까지만 고생하면 고된 제안 준비 작업도 끝이 난다.

이렇게 발표일이 정해져 있다는 것은 발표자의 역량을 집중시키게 하는 순기능이 될 수 있지만, 이와 반대로 역기능도 존재한다. 촉박한 제안 기간으로 인해 제안 발표자의 심신이 지쳐가고 시간에 쫓겨 마음이 조급해지기도 한다. 결국 발표자는 경쟁 PT의 목적은 놓치고 아무런 문제 없이 발표가 마무리되기만을 바라는 수동적인 자세로 바뀌기 쉽다. 발표자는 발표가 끝날 때까지 경쟁 PT의 목적을 잊지 않고 있어야 원하는 목적을 달성할 수 있다. 발표자가 PT의 목적을 잊어버리는 순간, 경쟁 PT의 본질에서 멀어지게 된다.

그럼 경쟁 PT의 본질은 무엇일까?

1장에서는 경쟁 PT의 구성 요소인 발표자와 평가위원의 입장에서 경쟁 PT를 살펴보고 발표 자료의 역할에 대해 생각해 본다.

프레젠테이션의 종류

구분	사례	발표 목적
비즈니스 PT	• 경쟁 PT • 영업 PT • 업무 보고 • 제품 소개	• 사업 수주 • 매출 증대 • 사업 창출
생활 PT	• 독서 발표 • 정보 공유 • 강연 및 강의	• 정보 전달 • 오락 • 변화 유도
사회(MC)	• 행사 • 대회	• 진행

Section 01

발표자는 무엇을 얻고자 하는가?

모든 일에는 명분과 실리가 있게 마련이다. 일은 명분에 의해 추진되지만, 더 큰 동기 유발은 실리에 의해 작동한다. 정치인, 기업인, 예술가와 같이 여러 분야에서 일하는 사람은 명분을 중시하지만, 이를 통해 얻어지는 실리 또한 무시하지 못하는 동기 부여 요인이다. '명분'은 조직의 목표이거나 외부에 알려진 동기 부여 요인이지만, '실리'는 외부에 잘 드러나지 않은 내부의 숨어 있는 요인이라고 할 수 있다.

경쟁 PT도 발표자 측면에서 명분과 실리가 존재한다. 당연한 이야기이지만, 경쟁 PT를 잘해야 하는 이유는 사업을 수주해야 하기 때문이다. 사업을 수주한다는 것은 조직의 매출 목표 달성에 기여하고 회사 동료에게 일거리를 제공하는 것을 의미한다.

발표자가 경쟁 PT를 통해 얻게 되는 실리도 크다. 발표자는 성공적인 발표를 통해 조직으로부터 좋은 평판을 얻게 된다.

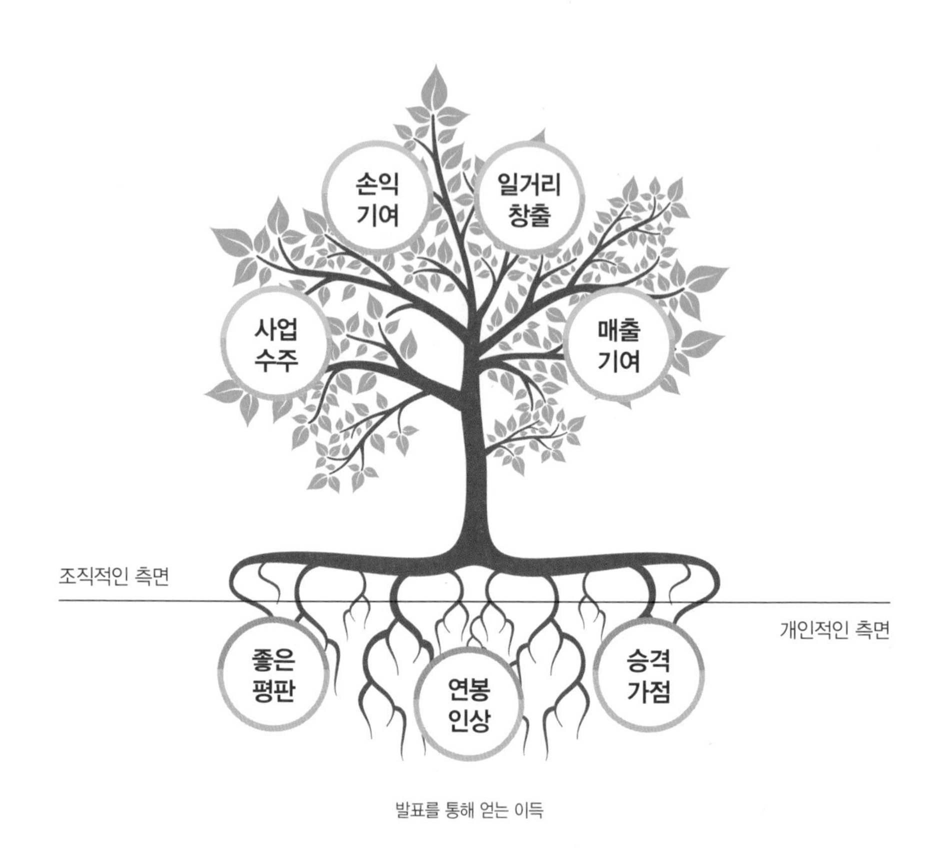

발표를 통해 얻는 이득

제안 현장에서 PT는 발표자의 가치가 한 단계씩 높아지는 계기가 되기도 하고 발표자의 탄탄한 성공 가도에 일조하는 기회가 되기도 한다. 하지만 이는 발표를 잘 마무리한다는 것을 전제로 하며 사업을 수주하지 못했을 때는 상황이 달라진다.

김○○ PM 사례

예전에 규모가 큰 사업 제안을 준비하는 과정에서 김PM이 임원을 모시고 PT 리허설을 하게 됐다. PT 리허설 도중 발표 수준이 떨어진다는 지적과 함께 발표자를 교체하자는 의견이 나올 정도로 분위기가 심각해졌다. 그동안 쌓아놓은 PM으로서의 명성이 무너져 내리는 순간이었다. 사업 제안은 실주로 이어졌고 발표자는 그 이후 PM으로 활동하지 못하는 안타까운 상황을 맞이해야만 했다.

발표가 끝났다고 해서 모든 것이 끝난 것은 아니다. 발표의 결과가 단순히 사업 실주에서 끝나면 그나마 다행이지만, 발표자가 발표를 못하는 사람으로 낙인이 찍힐 수 있는 것이다. 사업 제안은 실주되고 고객에게 발표 수준이 떨어진다는 평가까지 듣게 되면 발표자에게 치명적인 오점으로 남게 된다. 고객의 부정적인 평가는 회사 내에 좋지 않은 이미지를 형성하게 되고 좋지 않은 이미지를 개선하기까지 많은 시간이 소요되며 직장을 옮기기 전에는 이미지 개선이 어려울 수도 있다.

지금까지 발표의 중요성에 대해 장황하게 설명한 이유는 발표는 개인적으로 좋은 기회가 될 수 있지만, 이와 반대로 큰 위기가 될 수도 있기 때문이다.

위의 '김○○ PM 사례'처럼 중요한 발표에서 한 번 잃어버린 신뢰는 개인에게는 치명적인 영향을 미치게 된다. 발표가 기회가 될 것인지, 위기가 될 것인지는 전적으로 발표자의 몫이다. 조직적인 측면에서 보면 경쟁 PT에는 1등만 존재할 뿐, 2등이나 3등은 존재하지 않는다.

경쟁 입찰에서 사업을 수주하는 데는 가격과 기술의 두 가지 요인이 작용하므로 기술 점수를 평가하는 PT만 잘한다고 해서 수주할 수는 없다. 하지만 사업을 수주하기 어렵다고 해서 개인적인 실리까지 포기해서는 안 된다.

발표자는 발표의 마지막 순간까지 최선을 다해야 한다. 사업 제안은 일반 프레젠테이션과 달리, 발표자의 화려한 발표 스킬보다 발표자의 신념과 발표에 임하는 자세가 더 중요하다. 오히려 발표 스킬과 무관하게 열심히 최선을 다하는 발표자가 오히려 높은 점수를 받는 경우가 많다. 이 경우, 비록 실주를 하더라도 발표자는 아낌없는 박수를 받으며 실리를 챙길 수 있게 된다.

발표자가 발표를 통해 얻고자 하는 것은 사업을 수주하는 것이지만, 개인의 실리를 챙기는 것도 잊지 말아야 한다.

발표가 어려운 이유는

- 내용을 알아야 하고
- 알고 있는 내용을 구조화해야 하며
- 알아듣기 쉽게 전달해야 하기 때문이다.

발표는 종합적인 역량이 필요하지!

Section 02

평가위원이 원하는 것은 무엇인가?

발표자의 입장에서 볼 때 평가위원은 하늘과 같이 높은 존재이다. 발표 내용을 평가하고 사업의 수주와 실주를 결정짓는 절대적인 권력자이기 때문이다. 그러나 평가위원의 입장에서 보면 마냥 편한 자리만은 아니다.

제안서는 보통 100페이지가 넘고 규모에 따라서는 수천 페이지에 이르는 경우가 있다. 제안 발표 시간은 사전에 제안서를 참조해 평가한 내용을 확인하고 궁금한 사항을 해결하는 시간이다. 평가위원에게는 한정된 시간 내에 제안 업체를 비교, 분석해 공정하게 평가해야 하는 책임이 있다. 요즘처럼 공정과 정의가 강조되는 시대에는 평가하는 근거를 명확하게 제시할 수 있어야 한다.

수행사는 큰돈을 들여 사업을 수행하는 만큼 사업을 제대로 수행할 수 있는 업체를 선정하는 것이 중요하다. 사업 수행을 위해 입찰 제안서(Request For Proposal)를 공고하고 입찰 제안서 안에 항목별로 채점 기준을 정한 사업 입찰 평가표를 공지해 공정한 평가를 선언한다. 최적의 수행사를 선정하기 위해 평가위원의 구성에도 공을 들인다.

그럼에도 불구하고 공정한 평가는 생각처럼 쉬운 일이 아니다. 운동 경기처럼 득점을 많이 한 선수를 우승자로 선정한다면 간단하겠지만, 경쟁 PT의 경우에는 사람의 평가 기준이 일정 부분 작용할 수밖에 없기 때문이다.

일반 기업의 경우에는 기업 내부의 전문가를 활용해 평가단을 구성하고, 사업의 규모가 크거나 전문성이 요구되는 경우에는 외부 전문가를 초빙하기도 한다. 중요 사업은 주요 항목별로 평가위원을 구성하고 제안서를 꼼꼼히 분석할 수 있는 충분한 시간을 확보하기 위해 노력한다. 문제는 평가자로 참석하는 사람이 일회성으로 참석하다 보니 업무는 잘 알지만 평가에 대한 전문성이 떨어질 수 있다는 것이다.

공공 기관의 경우에는 일반적으로 조달청에서 수행 업체의 선정을 대행한다. 조달청은 공정성을 확보하기 위해 평가위원 풀을 운영하고 평가위원을 무작위로 선정해 평가단을 구성한다. 불공정한 평가를 최대한 배제하기 위해 여러 가지 안전 장치를 가동하지만, 여기에도 허점은 존재한다.

사업 입찰 평가표 예시

평가 구분	세부 평가 항목	배점
전략 및 방법론	사업 이해도	14
	추진 전략	
	추진 체계	
	사업 추진 방법론	
수행 계획	시스템(장비 구성) 요구사항	23
	기능 요구사항	
	성능 요구사항	
	인터페이스 요구사항	
	유지 관리 정책	
수행 기반	적용 기술	19
	개발 환경	
	보안 요구 사항	
	제약 사항	
프로젝트 관리	일정 관리	16
	품질 관리	
	기밀 보안 관리	
	위험 및 이슈 관리	
프로젝트 지원	인수인계	18
	교육 훈련	
	기술 지원	
	하자 보수 계획	
하도급	상생 협력(정량 평가)	10
	하도급 계획의 적정성	
합계		100

사업 입찰 평가표는 발표 자료를 작성 할 때 중요한 기준점이 되지!

평가단은 최대한 전문위원 중에서 선정하도록 규정하고 있지만, 보안상의 이유로 급하게 평가위원을 섭외하다 보니 선정된 평가위원이 사업을 파악하기에는 절대적으로 시간이 부족할 수 있다.

다음은 정부의 '소프트웨어 기술성 평가 기준 지침'에 나오는 평가위원회 구성에 대한 내용이다.

소프트웨어 기술성 평가기준 지침

[시행 2020. 12. 24.] [과학기술정보통신부고시 제2020-100호, 2020. 12. 24., 일부개정]

□ **제5조(평가위원회)** ① 국가기관 등의 장은 상용소프트웨어의 품질·성능·효율등이 표시된 품질등의 표시서와 기술제안서의 내용 및 기타 평가사항의 심사를 위하여 다음 각 호의 요건을 갖춘 자로 구성된 평가위원회(이하 "위원회"라 한다)를 구성·운영할 수 있다.

1. 「공공기관의 운영에 관한 법률」에 따른 공기업 또는 준정부기관의 정보통신업무 관련 기술직렬 1급 이상의 임직원 또는 기술사 자격이나 박사학위를 가지고 있는 기술직렬 2급 이상의 임직원으로서 해당분야 및 직무경력자
2. 「공공기관의 운영에 관한 법률」에 의한 기타공공기관 중 연구기관의 기술 분야 교수 또는 연구위원급 이상인 자
3. 기술직렬 5급 이상 공무원 또는 기술사 자격이나 박사학위를 가지고 있는 기술직렬 6급 이상 공무원으로서 해당분야 및 직무경력자
4. 대학 해당분야 부교수 이상인 자
5. 그 밖에 국가기관 등의 장이 필요하다고 인정하는 자

② 위원회는 제1항에 따라 위원장을 포함한 5인 이상 10인 이하의 위원으로 구성·운영한다.

③ 국가기관 등의 장은 위원 선정시 입찰참가자의 사외이사, 심사평가 대상사업의 용역·자문 등과 같이 특수한 이해관계가 있는 자 및 국가기관등의 사업자 선정 평가와 관련한 부정행위·비리 사실이 있는 자가 위촉되지 않도록 주의하여야 하며, 필요한 경우에는 위촉시 위원에게 서약서(별지 제1호서식)를 받을 수 있다.

④ 국가기관 등의 장은 제1항부터 제3항까지의 규정에 따라 평가위원회를 구성하되, 사업의 특성 및 내용 등을 고려하여 전문성과 효율성을 확보하기 위하여 필요하다고 인정하는 때에는 평가위원회에 분과위원회를 둘 수 있다.

⑤ 위원회의 위원은 기술성평가를 실시할 때 별지 제2호서식의 평가의견서를 작성하여야 한다.

소프트웨어의 기술성 평가를 위한 기술위원회의 구성 원칙 (출처: 소프트웨어 기술성 평가 기준 지침)

업체 선정을 위임받은 조달청은 공정성 확보가 최고의 가치이고 공정성 확보를 위해 여러 가지 지침을 정해 놓고 충실히 이행하고 있다. 제안서 검토 시간에 대해서는 '행정 기관 및 공공 기관 정보 시스템 구축·운영 지침'에 명시돼 있다.

사업의 규모에 따라 차이가 있지만, 평가위원에게 주어진 시간은 90분에서 180분 정도이다. 이 시간 동안 평가 항목별로 제안서를 점검하고 제안 발표를 들으면서 사업을 수행하는 데 적합한 업체를 선정해야 한다. 업무를 잘 알고 있는 사람이 평가하더라도 이 시간은 충분하지 않다.

행정기관 및 공공기관 정보시스템 구축·운영 지침

[시행 2022. 4. 21.] [행정안전부고시 제2022-31호, 2022. 4. 21., 일부개정]

□ **제33조(제안서 검토시간 및 평가점수의 조정)** ① 제안서 평가를 위하여 평가위원에게 제안서를 사전 배포하지 않는 경우에는 입찰참가업체의 제안서발표 이전에 다음 각 호의 추정가격을 기준으로 평가위원에게 제안서 검토시간을 주어야 한다. 단, 입찰참가업체 수, 평가내용의 난이도 등을 고려하여 제안서 검토시간을 조정할 수 있다.

1. 추정가격이 10억원 미만 60분 이상
2. 추정가격이 10억원 이상 50억원 미만 90분 이상
3. 추정가격이 50억원 이상 200억원 미만 120분 이상

② 평가위원회의 장은 평가위원별 평가점수를 확인하고 특정업체의 평가점수를 타 평가위원 보다 현저히 높거나 낮게 부여한 평가위원에게 설명을 요구하고 과반수 이상의 평가위원들이 동의하지 않는 경우 평가점수 조정을 요구할 수 있다. 단 해당 평가위원의 점수가 모든 입찰참가업체에 동일하게 높거나 낮게 부여된 경우는 그러하지 아니한다.

□ **제34조(제안서 평가결과 공개 등)** 행정기관등의 장은 추정가격이 20억원 이상인 사업의 제안서 평가결과는 다음 각 호의 내용에 따라 별지 제4호 서식으로 입찰참가업체에게 공개하여야 한다.

1. 평가위원 실명은 비공개
2. 과학기술정보통신부장관이 고시한 「소프트웨어 기술성 평가기준 지침」 별표 1 또는 별표 2의 평가부문별 점수

행정 기관 및 공공 기관 정보 시스템 구축 운영 지침 발췌

조달청을 통해 제안 평가를 진행하면 공정성은 높아지지만, 평가위원이 사업 내용을 충분히 파악하기에는 시간이 부족하다는 것이 약점이다.

사업을 수행하는 업체는 앞으로도 공정성 확보를 위해 계속 노력할 것이고 이 과정에서 발생하는 단점이나 취약점은 지속적으로 보강될 것이다.

평가위원이 발표장에서 얻고자 하는 것이 무엇인지 명확하게 이해하고 있다면 좀 더 평가자를 고려해 PT 준비를 할 수 있게 된다.

당연한 이야기이지만, 평가자는 제안업체를 평가해야 하는 책임을 지고 있다. 발표장에서 평가위원은 발표자만큼은 아니겠지만 평가에 대한 부담을 가지고 있다. 정해진 시간 내에 방대한 정보를 검토해 수행 업체를 선정하는 것은 쉬운 일이 아니다.

발표자가 평가자의 입장에서 평가자의 역할이나 책임을 생각해 본다면 발표 내용이 달라지게 된다. 예를 들어, 발표하는 내용을 평가 항목 중심으로 구성하거나 발표 내용이 어떤 평가 항목과 연관돼 있는지 쉽게 알 수 있도록 설명해 준다면 평가자는 누락되는 것 없이 평가 근거를 찾게 된다. 또한 평가 배점이 높은 항목에 대해 좀 더 많은 자료를 준비하는 것은 평가 점수를 높이는 방법이 될 수 있다. 평가자가 원하는 것도 무엇인지 잘 알고 있다면 불필요한 내용을 줄일 수 있고 평가 점수를 획득하는 데 유리한 PT 기획이 가능해진다.

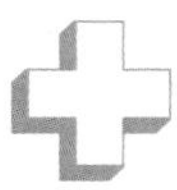

더 알아보기

관심 사항을 말할 때는 귀를 기울이게 된다. 핵심 가치를 이해하고 상대방의 관심 사항을 파악하는 것은 효율적인 커뮤니케이션을 위한 필수 요소이다.

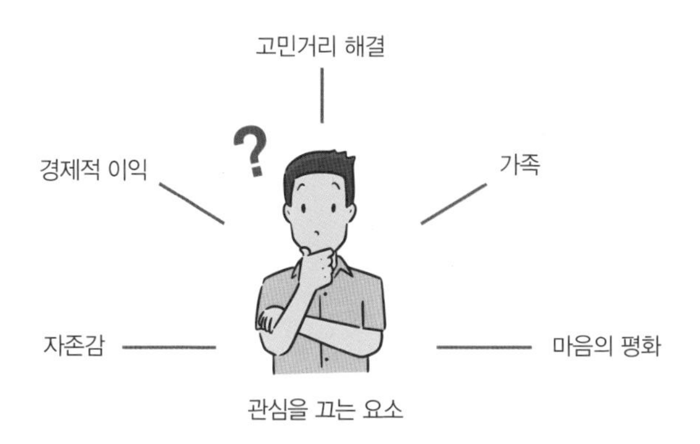

핵심가치	점검 내용
이익	경제적 이익을 줄 수 있는가?
문제 해결	곤란한 상황을 해결할 수 있는가?
안심	불안을 없애고 안심시켜 줄 수 있는가?
가족	가족 간의 유대감을 키울 수 있는가?
자부심	자부심을 향상시킬 수 있는가?

발표자의 말에 귀를 기울이게 하기 위해서는 청중(평가위원)이 듣고 싶은 내용을 들려 줘야 한다.

Section 03

평가위원은 어떻게 평가할까?

앞에서 언급한 바와 같이 발표장의 평가위원은 평가에 대한 부담을 갖고 있다. 제안을 공정하게 평가하는 것은 쉬운 일이 아니다. 그럼에도 불구하고 공정성을 확보하기 위한 노력은 계속되고 있다.

공공 기관의 경우에는 수행 업체의 부정 청탁을 차단하고 객관적으로 평가할 수 있도록 사업자 선정을 조달청에 위임하고 있으며 경쟁 PT를 블라인드 발표로 진행하는 경우도 있다. 블라인드 발표는 제안서나 발표 자료에 업체명을 표시하지 못하도록 하는 방식으로, 업체명이나 업체를 알아볼 수 있는 문구를 넣으면 감점되거나 실격 처리를 당하게 된다. 이는 업체에 대한 선입견을 차단하고 오로지 사업 수행 능력만 평가하겠다는 의도이다. 공정성을 확보하는 노력은 바람직하고 당연한 것이다.

하지만 100% 객관성을 갖고 공정하게 평가하는 것이 가능할까? 평가자가 의도하지 않더라도 주관적인 판단을 완전히 차단하는 것은 어려운 일이다. 같은 발표를 보면서도 평가자별로 점수 편차가 발생하는 이유는 평가자별로 평가 기준이 다를 수 있고 매 순간 주의력을 기울이는 것에도 한계가 있으며 특정 평가 항목의 점수가 다른 항목 평가에도 영향을 미치기 때문이다. 평가의 가치는 공정에 있지만, 사람이 하는 평가에는 한계가 있기 마련이다. 따라서 평가자의 심리 상태를 이해하고 평가자의 입장에서 평가를 생각해 보는 것은 제안 준비에 많은 도움이 된다. 일상생활 속의 대화를 살펴보자.

"어제 영화 어땠어?"

"응, 정말 재미있었어."

"그래?"

"주인공의 연기력이 너무 훌륭하더라고…. 잠시도 지루할 틈 없이 긴장감도 넘치고…."

영화를 재미있게 봤다면 영화의 긍정적인 요소, 재미없게 봤다면 부정적인 요소를 나열할 것이다. 그렇다면 제안 발표 평가에서는 어떨까? 제안 발표를 평가하는 것도 영화와 비슷한 점이 있다. 평가자는 평가표의 항목에 따라 내용을 점검하고 싶지만, 자료나 발표만 보고 원하는 데이터를 찾아내는 것은 쉬운 일이 아니다. 일반적으로 고객이 요구하는 사항과 평가표는 단답형으로 떨어지는 경우가 거의 없고 제안을 전체적으로 이해하고 복합적으로 평가해야 하는 경우가 대부분이다. 예를 들어 '사업의 이해 수준', '품질 관리 수준'을 평가하기 위해서는 제안 내용을 종합적으로 분석하여야 한다. 기술 부문에 있어서 '데이터 이관 시 비상 대응 수준'을 평가해야 한다면 프로세스, 투입 인력, 수행 조직, 기술 지원, 시간 계획 등 여러 가지 항목을 분석하여 종합적으로 평가해야 한다. 이때 세부 항목에 대한 평가 가중치를 정확히 부여하기 어려우며 사소한 항목이라도 임계치에 못 미치면 사업 수행에 치명적인 영향을 미친다.

결론적으로 평가표에 의해 객관적인 평가를 하는 것은 한계가 있으므로 평가자의 경험이나 역량에 의존하며 이때 평가자의 감성적인 부분은 일정 부분 평가에 영향을 미치게 된다. 제안 발표는 평가자에게 제안 내용을 설명하는 자리이지만, 발표자의 발표 기술이 뛰어나면 평가자에게 좋은 이미지를 형성해 평가에 긍정적으로 작용하게 된다.

평가자의 감성적인 부분이 평가에 얼마나 영향을 미치는지 정확하게 조사된 자료는 없지만, 단 1%라도 영향을 미친다면 이를 가볍게 지나칠 수는 없다. 경쟁이 치열한 사업은 소수점 이하에서 사업의 수주와 실주가 결정되는 경우가 많기 때문이다.

평가자가 항상 업무를 잘 알고 있는 전문가로 구성되는 것은 아니다.

평가위원 구성 사례

- 업무를 잘 알고 있는 평가자
- 다른 평가자를 대신해서 들어온 엔지니어
- 세부 상황을 잘 모르는 관리자
- 제안 평가 경험이 많지 않은 실무자
- 학식 있는 박사나 기술사

평가자는 하는 일이 다르고, 직급이 다르고, 관심사가 다르다. 하지만 바뀌지 않는 한 가지 사실은 열정적이고 최선을 다하는 발표자에게는 아낌없는 박수와 높은 점수를 주려고 한다는 것이다. 평가자의 입장에서 평가 심리를 이해하려고 노력한다면 발표 준비뿐 아니라 좋은 평가를 받는 것에도 도움이 된다.

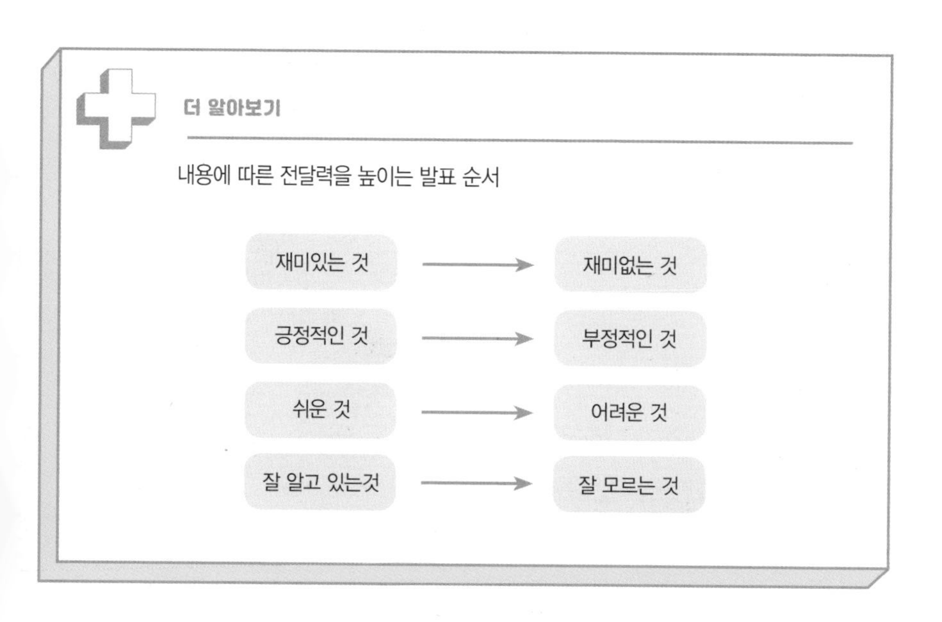

"향기가 있어 꽃이 더 아름답듯이
발표자의 개성은 발표를 돋보이게 한다."

Section 04

발표 자료의 용도는 무엇인가?

경쟁 PT를 할 때는 기본적으로 발표 자료를 준비해야 한다. 발표 자료는 시청각 자료의 하나로, 일반적으로 마이크로소프트 사의 파워포인트를 활용해 작성한다. 여기서 잠깐 발표 자료를 작성하는 이유에 대해 생각해 보자.

사업 제안에서는 고객의 요구사항이 적혀 있는 RFP(Request For Proposal)에 발표 자료를 작성하도록 명시돼 있으므로 발표 자료를 작성하는 것이 당연한 일이지만, 발표 자료의 역할에 대해 생각해 보는 것은 의미 있는 일이다. 발표 자료의 역할은 한마디로 '발표의 보조 자료'이다. 발표 자료가 발표자의 보조 역할을 한다는 것은 크게 세 가지 의미로 해석할 수 있다.

첫째, 발표자에게 발표할 내용을 알려 준다. 발표 자료에 발표할 내용이 담겨 있으므로 발표자는 발표 자료를 참조해 빠짐없이 발표할 수 있다.

둘째, 발표의 흐름을 알 수 있다. 발표 자료에는 페이지별로 흐름이 있고 페이지 내에서도 흐름이 있으므로 이를 활용하면 설명의 순서를 잊지 않고 편안하게 발표할 수 있다.

셋째, 전달력을 높여 주는 역할을 한다. 사업 제안의 경우에는 기술적인 원리를 설명하거나 복잡한 시스템 구성도를 설명해야 하는 경우가 있으며 발표자가 말로만 설명하기에는 이해도가 떨어질 수 있다.

발표 자료의 그림이나 도식화된 자료를 활용하면 설명하기 쉽고 청중의 이해력이 높아진다. 특히, 프레젠테이션 툴이 제공하는 다양한 화면 전환 기능이나 애니메이션 기능을 사용하여 발표의 전달력을 높일 수 있다.

이렇게 발표 자료는 발표자의 보조자 역할을 충실하게 수행한다는 것을 누구나 알고 있지만, 문제는 발표 자료가 목적에 맞게 작성되지 않고 있다는 것이다. 이러한 문제가 발생하는 이유는 무엇일까? 원인은 여러 가지가 있지만, 가장 큰 요인은 발표 자료가 발표자의 관점에서 만들어지지 않았기 때문이다.

'발표할 자료에는 발표할 내용이 담겨야 하고 발표 자료에 있는 내용을 발표해야 한다'라는 말은 발표 자료를 준비하는 원칙으로, 이 원칙이 지켜지기 위해서는 발표자가 발표 자료의 작성에 적극적으로 참여해야 한다는 것을 의미한다. 발표자의 입장에서는 발표할 내용이 담겨 있는지, 불필요한 내용은 없는지 확인해야 하며 발표 자료가 발표의 흐름에 맞게 구성됐는지도 점검해야 한다.

만약, 발표자의 이러한 검토 작업이 없는 경우에는 발표 자료에 없는 내용을 말해야 하거나 발표의 흐름이 꼬여 애를 먹을 수 있다. 발표 자료가 발표의 보조자가 될 수 있도록 만들어지지 않으면 발표 자료가 오히려 발표의 훼방꾼으로 돌변하게 된다. 발표 자료가 보조자가 될 것인지, 훼방꾼이 될 것인지는 발표자의 자세에 달려 있다.

제안을 준비하는 발표자는 발표를 준비하는 것 외에도 많은 일을 해야 하기 때문에 제안 기간은 고난의 시간이 될 수 있다. 하지만 발표 자료를 챙기는 것은 중요한 일 중 하나로, 가장 우선순위에 두지 않으면 원하는 수준으로 발표하기 어렵다는 것을 명심해야 한다.

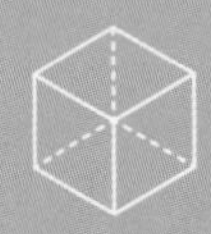

PRESENTATIO

발표 전에 반드시 확인해야 할 것들

IT 관련 사업에 입찰하는 경우에는 제안서를 필수적으로 작성해야 하며 제안서의 분량이 많은 경우에는 제안 요약서를 추가로 작성하기도 한다. 경쟁 PT는 요약서를 활용하는 경우가 있지만, 대부분 별도로 발표 자료를 준비해야 한다. 제안사가 준비해야 할 문서는 고객의 요구사항이 적힌 RFP(Requst For Proposal)나 별지의 공고서에서 확인할 수 있다.

제안서나 발표 자료는 짧은 기간 동안 준비해야 하기 때문에 제안 팀원이 공동으로 작업하지만, 발표는 사업을 실행해야 하는 프로젝트 매니저(Project Manager, 이하 PM)가 발표하도록 규정하고 있다. 이는 사업을 실행할 프로젝트 관리자가 제안 PM을 해야 하고 제안 PM이 발표 자료 작성에 적극적으로 개입해야 한다는 것을 의미한다.

하지만 여기에서 약간의 문제점이 발생할 수 있다. 사업 공고가 나면 제안팀의 모든 일은 PM을 중심으로 진행된다. 제안 PM은 실행까지 고려해 여러 가지 제안 내용을 검토하고 의사 결정을 내려야 한다. 투입 인력 공수와 원가를 산출하고 적용할 기술이나 솔루션을 선정하며 협력 업체도 만나 업무를 조정해야 한다.

이렇게 과중한 업무 때문에 제안 PM은 발표 자료 작성에 적극적으로 개입하기 힘든 상황이 되고 결국 팀원이 작성한 발표 자료를 받아 발표해야 하는 상황에 처하기도 한다.

제안 PM이 발표 자료 작성에 적극적으로 개입하지 못했다는 것은 발표 자료가 발표자의 입장에서 작성되지 못 했다는 것을 의미한다. 발표 자료는 발표를 위한 것이므로 발표자의 의도가 반영돼야 하지만, 다른 사람이 주도적으로 작성하면 작성자의 작성 의도를 파악해야 하는 상황이 발생하게 된다.

발표 연습을 시작하기 위해 발표자가 반드시 알아야 할 내용이 있다.

- 제안사는 무엇을 잘할 수 있는가?
- 고객은 무엇을 원하는가?
- 경쟁사는 누구인가?
- 발표 장소의 환경은 어떠한가?
- 전달하려는 메시지는 무엇인가?
- 발표 방향은 어떻게 설정할 것인가?

이러한 항목은 발표 자료를 작성하기 전에 점검해야 하는 사항이지만, 본격적으로 발표 연습을 하기 전에 한 번 더 확인해야 할 요소이다. 발표자가 이러한 항목을 파악하고 있어야 발표 자료 작성 의도를 이해할 수 있고 발표 도중 제안사의 특장점을 강조할 수 있으며 질의응답 시간에 나올 수 있는 다양한 질문에 대응할 수도 있다. 제안사와 경쟁사의 장단점을 명확하게 파악하고 있다면 사업의 수주 가능성을 예측할 수 있고 발표의 방향 설정에 도움이 된다.

다시 한번 말하면, 발표 연습에 앞서 몇 가지 중요 요소를 점검하는 이유는 발표 전략을 점검하기 위함이다. 경쟁 PT의 목적은 사업 수주이며 사업 수주를 위해서는 전략이 필요하다. 전략 없이 전쟁에서 이길 수 없듯이 발표 전략 없이 사업 수주는 있을 수 없다. 발표 연습에 앞서 다시 한번 발표 전략을 점검하고 이를 적극적으로 발표 연습에 반영해야 한다.

발표의 방향을 어떻게 설정할 것인가?

전달하려는 핵심 메시지는 무엇인가?

발표 장소의 환경은 어떠한가?

경쟁사는 누구인가?

고객은 무엇을 원하는가?

제안사는 무엇을 잘할 수 있는가?

Section 01

제안사는 무엇을 잘할 수 있는가?

손자병법에 나오는 '지피지기면 백전백승'이라는 말은 경쟁 PT에도 어김없이 적용된다. 자신을 알고 적을 알아야 경쟁 제안에서 성공할 수 있다. 경쟁 제안에서 제안사 자신의 상태를 먼저 파악하는 것은 PT의 전략을 수립하는 하는 첫 단계이다.

제안사의 상황을 파악하기 위해 가장 먼저 제안사가 잘할 수 있는 것과 취약한 것을 나열해 보자.

제안사가 잘할 수 있는 것은 발표에서 강조할 내용이 되고 취약한 것은 보완해야 할 내용이 된다. 취약점은 질의응답 시간에 질문으로 나올 수 있으므로 이를 보완할 수 있는 답변을 준비해야 한다. 사업 규모가 크거나 적용하는 솔루션이 많아 강점과 약점을 파악하기 어려운 경우에는 담당자의 도움을 받아 자세히 조사하고 중요도 순으로 나열해 본다.

수주 사업은 프로젝트로 진행하기 때문에 크게는 투입 원가, 수행 일정, 투입 인력이 중요한 요소이며 기술력과 솔루션의 우수성, 사업 관리 역량이 강점으로 부각될 수 있는 요소이다. 강점은 구체적이고 객관적인 증거가 뒷받침돼야 하며 근거가 미약하면 강점으로서의 의미를 상실한다.

다시 말해 선정된 강점은 근거가 있어야 하며 근거를 찾지 못하면 강점으로 선정해서는 안 된다. 또한 잘할 수 있는 것과 취약한 것으로 선정된 항목은 제안하는 사업과 연관성이 있어야 한다. 사업과 연관 없는 강점은 제안에 들어갈 내용이 아니라 회사 홍보 자료에 들어갈 내용이다.

제안사의 강점과 약점을 파악하는 것은 쉬운 일이기도 하고 어려운 일이기도 하다. 자기가 속해 있는 조직이다 보니 관련 자료를 쉽게 얻을 수 있는 장점이 있지만, 편견을 갖기 쉬워서 강점을 강점으로 보지 못하고 약점을 약점으로 보지 못하는 경우가 종종 발생한다. 이러한 문제를 방지하기 위해서는 관련 부서 담당자와 의견을 나누고 내부의 여러 제안 팀원과 토론을 통해 객관적인 시각을 확보할 수 있도록 노력해야 한다.

제안팀은 자기 회사에 대해 잘 알고 있다고 생각해 제안사의 장단점 정리 작업을 가볍게 다루는 경향이 있다. 하지만 장단점을 명확하게 문서로 정리하다 보면 보이지 않던 강점이 보이고 의외의 강점을 찾을 수도 있다.

한 회사에서 운영하는 자원은 한정돼 있기 때문에 모든 입찰 공고에 참여할 수는 없다. 예를 들어 사업 실행에 필요한 기술 역량이 떨어지거나 실행 인력이 부족한 경우에는 제안 입찰에 참여하면 안 된다. 실행이 어려운 사업에 제안을 하면 사업을 수주하기 어렵지만, 설사 사업을 수주하더라도 실행 단계에서 부실로 이어질 수 있기 때문에 향후 더 큰 문제를 야기할 수 있다. 따라서 제안사의 강점과 약점을 파악하는 것은 제안 참여를 판단하는 정보일 뿐 아니라 경쟁 PT에서 강조하거나 방어해야 할 중요한 정보인 것이다.

Section 02

고객은 무엇을 원하는가?

제안 발표에서 높은 평가 점수를 받기 위해서는 제안사의 장단점을 파악하는 것과 동시에 고객이 무엇을 원하고 있는지 명확하게 파악해야 한다.

고객은 RFP를 통해 사업을 발주하도록 돼 있으므로 RFP를 보면 고객의 요구사항을 구체적으로 알 수 있다. 그뿐 아니라 제안 업체를 어떻게 평가하고 선정하는지에 대해서 평가표와 함께 제시하고 있다. 따라서 사업 제안을 준비하는 업체라면 해당 RFP의 내용을 꼼꼼히 분석하고 평가 방식뿐 아니라 평가표에 있는 항목을 확인해야 한다. 평가 항목과 관련된 내용은 제안서에 모두 담겨 있어야 하고, 발표 내용은 평가 항목을 중심으로 구성해야 한다.

여기서 잠깐 생각해 볼 것이 하나 있다.

'고객이 원하는 요구사항이 RFP에 모두 담겨 있을까?'

고객의 요구사항이 RFP에 문서로서 명확하게 정의돼 있기는 하지만, 이것만으로 고객의 요구사항을 모두 단정하기에는 충분하지 않다. RFP의 내용 외에도 고객의 숨은 요구사항이 존재하기 때문이다. 문서로 명시된 RFP 요구사항 외에 고객의 요구사항을 파악하는 것이 좀 더 중요한 경우도 있다. 예를 들어 특정 솔루션은 성능과 관계없이 도입을 꺼린다든지, 회사 정책이나 경영 여건상 수용하기 어려운 제품이나 업무 절차가 존재할 수 있기 때문이다. 이러한 고객의 숨은 요구사항은 고객의 인터뷰를 통해 얻어지는 정보이다.

고객의 숨겨진 요구사항은 주로 고객과 밀접하게 접촉하는 영업 담당자를 통해 수집할 수 있다. 고객의 숨어 있는 요구사항까지 잘 파악하고 있다면 고객이 원하는 내용에 더 가깝게 제안을 준비할 수 있게 된다.

고객의 요구사항과 함께 중요한 것이 평가자의 정보이다. 평가자 정보는 두 가지 측면에서 파악해야 한다.

첫째, 평가자가 고객사의 내부 직원인지, 외부 직원인지 파악해야 한다.

내부 평가자로는 경영진, 관리자, 실무자가 들어올 수 있고 외부 평가자로는 해당 분야의 전문가인 교수나 엔지니어가 들어올 수 있다. 공공 기관에서 사업을 발주하는 경우에는 대부분 조달청에서 평가를 담당하며 조달청에서 업체를 선정한다는 것은 외부 인력으로 평가단을 구성한다는 것을 의미한다. 조달청의 평가위원 풀은 대학 교수나 기술사와 같이 전문가 집단으로 구성돼 있다.

평가단이 내부 인력으로 구성되는 경우에는 고객의 현안이나 문제점을 자세히 언급해 개선 방안을 제시하고 구체적인 구현 방법이나 회사가 얻을 수 있는 기대 효과를 보여 주는 것이 효과적이다. 내부 인력의 평가자는 업무에 대한 이해도가 높기 때문이다. 평가단이 외부 인력인 경우에는 이와 다르다. 고객사 내부의 세부적인 내용보다는 사업 수행 시 개선되는 모습을 중심으로 설명하고 제안사의 특장점을 강조해야 한다. 방법론이나 절차를 소개하고 미래 지향적인 측면을 좀 더 부각하는 것도 좋다. 외부 인력 평가자는 회사에 대한 구체적인 현안을 알지 못하므로 이해력이 떨어질 수 있기 때문이다.

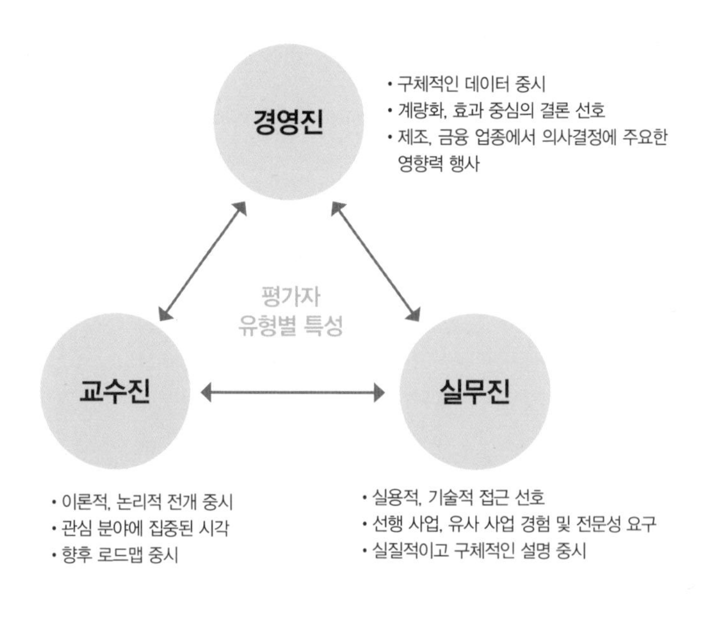

둘째, 평가자가 수행하는 업무가 무엇인지 파악해야 한다.

평가자가 수행하는 업무가 무엇인지 알면 좀 더 평가자의 눈높이에 맞춘 발표를 진행할 수 있게 된다. 경영진이나 관리, 회계 업무를 담당하는 평가자는 구체적인 데이터를 선호하고 회사의 손익과 같이 경제적인 효과에 좀 더 많은 관심을 갖는다.

실무자나 엔지니어의 경우에는 실질적인 구현 방안에 대해 중요하게 생각하고 적용된 사례에 대해서 관심이 많다. 대학 교수나 기술 전문 연구원은 절차나 프로세스를 중요하게 생각하고 이론이나 방법론에 대해서 의미 있게 생각한다.

고객이 원하는 것이 무엇인지 즉 숨은 요구사항을 발굴하고 평가위원은 누가 들어오는지를 구체적으로 파악하는 것은 쉬운 일이 아니지만, 제안 발표를 하기 전까지 지속적으로 고객의 정보를 파악해 발표에 반영해야 한다.

본격적인 발표 연습에 앞서 고객의 요구사항을 정확히 이해하고 누가 평가위원으로 들어오는지 파악하고 있다면 좀 더 고객의 눈높이에 맞춰 준비할 수 있지만, 고객 파악이 미진하면 제안의 방향이 산으로 갈 수 있다. 제안 환경과 상황에 따라 고객 정보를 파악하는 수준은 차이가 있지만, 수집된 정보만큼은 적극적으로 활용해야 한다.

더 알아보기

평가자와 발표자의 정보 숙지 유형에 따른 대응 방안

구분		평가위원	
		이해도 높음	이해도 낮음
발표자	이해도 높음	상호 인지형	발표자 주도형
	이해도 낮음	평가자 중심형	변화 무쌍형

● 상호 인지형

- 사업내용에 대해 쌍방의 지식 수준이 높음
- 일반적인 내용을 간단하게 설명
- 신뢰감을 줄 수 있는 방법을 고민하고, 유사 경험 사례나 실증적인 사례 기반으로 제안 내용을 설명
- 발표자 주도형으로 전환하는 기술 필요

● 발표자 주도형

- 발표자 중심의 일방적인 전달이 가능
- 기술적·업무적 상세 제안 내용을 중심으로 설명하고 발표자의 지식을 보다 효과적으로 전달하기 위한 방안 필요
- 무시한다는 느낌을 갖지 않도록 정중하게 설명

● 평가자 중심형

- 평가자가 많이 알고 있어 발표가 가장 어려운 유형
- 발표 자료를 최대한 활용하고 지나친 애드리브는 삼가
- 질의응답 준비는 철저히 준비
- 필요하다면 전문가를 배석시켜 활용

● 변화무쌍형

- 쌍방 간 사전 지식이 미흡한 유형
- 발표 내용은 일반적이고 보편적으로 구성 가능
- 엉뚱한 질의가 나올 수 있으나 무시하지 말고 침착하게 대응

Section 03

경쟁사는 누구인가?

제안 발표는 여러 업체가 참여하는 경쟁 PT이다. 아무리 제안 발표를 잘해도 경쟁사가 더 잘하면 지는 것이고 이와 반대로 제안 발표를 못해도 경쟁자가 더 못하면 수주를 하게 되는 것이다. 경쟁 PT는 제안사가 잘할 수 있다는 것만으로는 부족하고 경쟁사보다 더 잘할 수 있어야 사업을 수주할 수 있다. 따라서 경쟁사의 강점과 단점을 파악하는 것은 사업을 수주하기 위한 중요한 정보이자 반드시 파악해야 할 내용이다.

박○○ PM 사례

15일의 짧은 입찰 준비 기간으로 제안서와 발표 자료 작성에 집중하기도 부족한 시간이었지만, 깐깐한 박PM은 영업 담당자를 통해 경쟁 업체를 파악하고 팀원과 경쟁 업체를 분석했다. 경쟁 업체는 장비 이전 전문 업체였고 박PM은 이번 사업이 단순한 장비 이전이 아닌 WAS 서버와 SQL 변경이 일어나는 구축(SI)형 이전 사업이라는 특성을 강조하기로 했다. 구축 전문 업체인 제안사가 이번 사업을 수행해야 사업을 성공적으로 수행할 수 있다는 논리로 경쟁 PT를 진행한 것이다. 결과는 사업 수주로 이어졌고 경쟁사의 특성을 파악해 제안 전략을 수립한 좋은 사례로 남았다.

하지만 경쟁사의 강점과 단점을 파악하는 것은 쉬운 일이 아니다. 경쟁사의 수행 인력, 수급 여건이나 솔루션의 특장점, 보유하고 있는 기술 역량과 같이 사업과 관련된 내용을 파악하기 위해서는 많은 노력이 필요하다.

경쟁사의 현황을 파악하기 위해서는 가장 먼저 일반 매체를 활용할 수 있다. 경쟁사의 홈페이지, 뉴스, 업종 전문 신문에서 경쟁사와 관련된 자료를 검색하고 관련 기사를 수집한다. 일반적인 기사 내용에서도 중요한 정보를 얻을 수 있다. 예를 들어 신기술 개발이나 새로운 솔루션 출시와 같은 정보를 얻을 수 있고 타 프로젝트 수행으로 투입할 수 있는 기술 인력이 부족한지, 솔루션이나 제품과 관련해 보안 사고가 발생했는지를 신문 기사를 통해 쉽게 알 수도 있다.

고급 정보는 리서치 기관을 통해 얻을 수 있다. 리서치 기관을 통해 동종 업계의 동향이나 솔루션의 비교 분석 자료를 입수할 수 있다. 제안사의 제품이 우월하다면 비교 분석 자료를 적극적으로 활용하는 것이 좋다.

이때 주의해야 할 점은 정당하지 않은 방법으로 기업 비밀 자료를 입수하거나 경쟁사를 비방하는 일은 삼가야 한다.

경쟁사를 분석하는 것은 귀찮고 힘든 일이지만 반드시 해야 하는 일이다. 경쟁사 분석 없이 제안하는 것은 눈을 가리고 전쟁터에 나가는 것과 같다. 수주를 하기 위해서는 경쟁사보다 우월한 요소를 찾아야 하며 제안 발표에서 경쟁사보다 뛰어난 점을 부각시킬 수 있어야 한다.

Section 04

발표 장소의 환경은 어떠한가?

발표 내용은 발표장의 환경에 큰 영향을 받지 않는다. 하지만 발표장의 환경은 반드시 확인해야 한다. 특히, 최근에는 회사의 특성에 따라 다양한 형태로 발표 장소를 설계하기 때문에 회사별로 발표장의 환경이 천차만별이다. 따라서 중요한 발표일수록 사전에 발표 현장을 반드시 확인해야 한다. 발표 장소를 확인하지 않은 상태에서 예상치 못한 발표 환경을 접하면 제 기량을 발휘할 수 없을 뿐 아니라 시청각 자료가 화면에서 깨져 보이거나 글자가 보이지 않는 등 여러 가지 문제점이 발생할 수 있다.

가장 먼저 발표 장소의 형태와 크기를 확인해야 한다. 발표 장소는 계단형, U자형, ㄷ자형, V자형, 대면형, 라운드형과 같이 여러 형태가 있다.

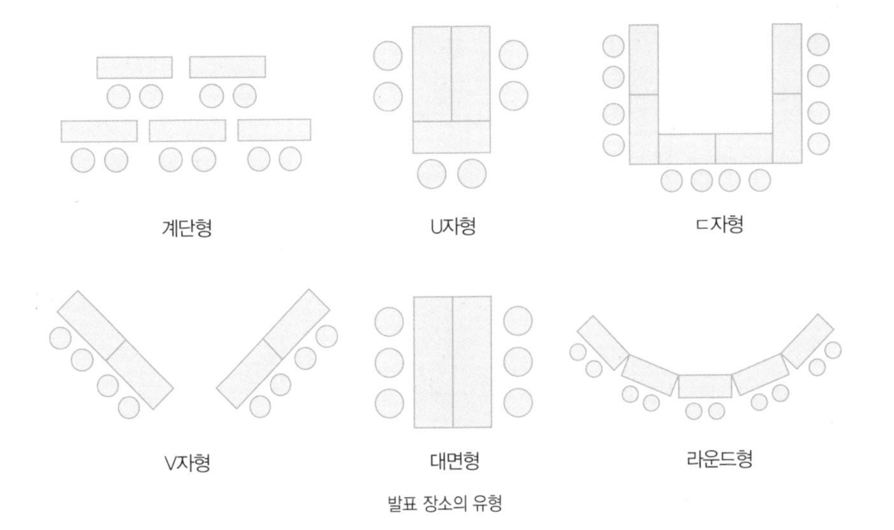

발표 장소의 유형

발표자가 경험해 보지 못한 ㄷ자형 발표장에서 발표를 한다고 상상해 보라. 그것도 ㄷ자형 안에서 화면(스크린)을 제대로 보지 못하고 발표를 해야 한다면 준비한 만큼 실력 발휘를 할 수 없을 뿐 아니라 발표를 망칠 가능성이 높다.

발표 공간이 예상했던 것보다 넓고 화면(스크린)이 크다면 평소 좁은 곳에서 발표 연습을 했던 발표자는 발표가 끝날 때쯤에나 발표장의 환경에 적응할 수도 있다.

발표장 빛의 밝기도 점검 대상이다. 간혹 발표 자료를 깔끔하게 보이기 위해 검은색 바탕으로 자료를 작성하는 경우가 있는데, 스크린의 주변에 밝은 빛이 들어오면 화면이 뿌옇게 보여 가독성을 떨어뜨리는 요인이 될 수 있다. 발표 전에 발표 장소 형태와 크기를 확인해 비슷한 환경에서 발표 연습을 하면 실전에서 편안하게 발표할 수 있게 된다.

이 밖에 점검해야 할 사항은 발표장에서 사용하고 있는 발표용 보조 장비들이다. 최근에는 PT를 지원하는 새로운 장비가 많이 늘어나고 있어 회사별로 발표 장비의 차이가 크고 같은 장비라도 버전에 따라 시청각 자료가 호환되지 않을 수 있으므로 사전에 점검해야 한다.

손○○ PM 사례

손PM은 750억 원이 넘는 시스템 구축 사업을 수주하기 위해 제안 팀원들과 휴일도 없이 열심히 준비했다. 드디어 발표 당일 PT를 시작하는데 오프닝 동영상이 작동하지 않았다. 문제를 해결하려고 이것저것 조작해 봤지만, 정해진 발표 시간은 흐르고 결국 오프닝 동영상 없이 발표를 해야만 했다.

발표 동영상의 내용을 이어받아 PT를 시작하는 스토리라인은 엉망이 되고 손PM은 당황해 발표를 망치고 말았다.

프레젠테이션을 위한 보조 장비로는 빔 프로젝트, 전자 스크린, 발표 자료를 넘기는 클리커(Clicker), 발표자가 참조하는 프롬프터를 들 수 있다.

발표장에서 동영상 파일이나 데모 프로그램을 실행해야 한다면 사전에 실행이 되는지 점검해야 한다. 동영상의 경우에는 버전이 다르거나 새로운 코덱(Codec)이 필요한 경우가 있으며 스피커의 성능이 약해 보조 스피커가 필요할 수도 있다.

핸드마이크를 사용해야 하는 것을 발표 당일에 아는 것은 발표자에게는 당황스러운 일이다. 한 손으로 마이크를 잡아야 한다면 클리커를 사용하거나 제스처를 자유롭게 할 수 없어 발표자가 심리적으로 불편할 수 있기 때문이다.

제안 현장에서 빈번히 발생하는 사고 사례

- 이메일로 전송한 자료가 열리지 않는다.
- 파워포인트 자료에서 사용하는 폰트가 없어 글자가 보이지 않는다.
- 동영상이 안 나오거나 음성이 들리지 않는다.
- 클리커의 건전지가 소모돼 작동되지 않는다.

그동안 열심히 준비한 경쟁 PT를 예상치 못한 사소한 일로 망쳐서는 안 된다. 예상치 못한 사고를 예방하려면 사전에 현장에서 장비를 작동해 보고 여분의 장비를 챙기는 것이 좋다. 발표자가 발표 장소를 잘 파악하고 있어야 당황하지 않고 발표할 수 있고 더 나아가 공간과 매체를 좀 더 효과적으로 활용할 수 있게 된다.

더 알아보기

PT 지원 매체

- **빔 프로젝트**
  - 기술 발달로 다양한 성능과 기능을 가진 제품 출시
  - 컴퓨터, TV, 스마트폰 등 주변 기기와 연동 가능
- **클리커**(Clicker)
  - 발표 자료를 넘기는 기능과 스크린을 포인팅하는 기능
  - 일부 키보드 단축키 내장
  - USB 수신기와 무선 수신 거리는 제품별로 상이
- **스피커**(Speaker)
  - 음성이나 동영상 자료 상영 시 사용
  - 컴퓨터 내장 스피커보다 외장 스피커의 소리가 잘 퍼짐
  - 다양한 고성능 소형 제품이 있음
- **마이크**(Mick)
  - 청중이 많거나 발표장이 큰 경우 사용
  - 핸드 마이크보다는 몸에 부착하는 핀마이크가 편리
  - 목소리가 작은 발표자의 경우, 적극적으로 사용 고려
- **스크린**(Screen)
  - 빔 프로젝트의 자료를 보여 주는 화면으로, 다양한 사이즈가 있음

"문을 닫고 누워 집 앞 큰 시내의 물소리를 들으니
깊은 소나무 숲이 퉁소 소리를 내는 듯한 건
청아한 마음으로 들은 까닭이요.
산이 갈라지고 언덕이 무너지는 듯한 건
성난 마음으로 들은 탓이요.
개구리 떼가 다투어 우는 듯한 건
교만한 마음으로 들은 탓이다.
이는 바른 마음으로 듣지 못하고
이미 가슴 속에 자신이 만들어 놓은 소리를
귀로 들은 것일 뿐이다."

출처: 박지원, 『열하일기』

Section 05

전달하려는 핵심 메시지는 무엇인가?

들어가기에 앞서 핵심 메시지에 대해 알아볼까요?

핵심 메시지란?

평가위원에게 전달하고자 하는 요약 내용으로, 수주를 위한 제안사의 강점이다.

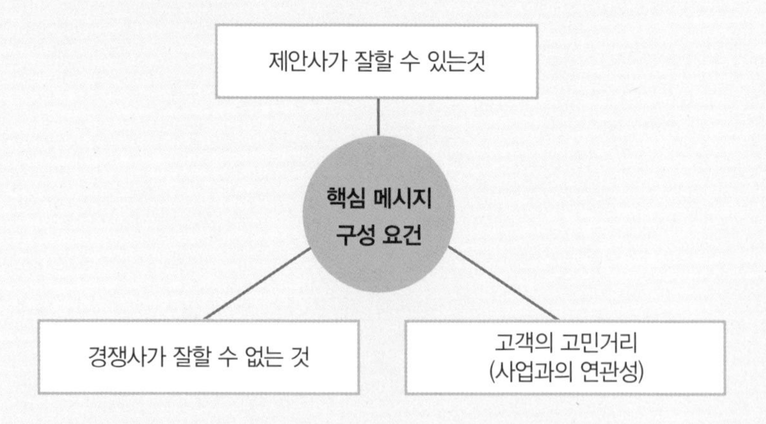

- 핵심 메시지로 선정되기 위해서는 제안사의 특장점이어야 하고 경쟁사가 잘할 수 없는 항목이어야 한다.
- 고객의 측면에서는 사업을 수행하는 데 필요한 역량이라고 판단할 수 있는 항목이어야 한다.

제안 발표자가 반드시 알아야 할 것이 핵심 메시지이다. 핵심 메시지는 발표할 내용의 가장 상위 단계에 위치하고 있으며 사업 분석을 통해 수주할 수 있는 강점을 하나의 문장으로 표현한 것이다.

핵심 메시지가 왜 중요한지 잠깐 생각해 보자.

핵심 메시지는 발표의 기준점이자 발표의 요약문이기 때문이다. 핵심 메시지는 평가자에게는 업체를 선정해야 하는 이유나 근거를 제공하고 발표자에게는 발표의 나침반 역할을 한다.

발표자가 제안사의 강점을 알고 있더라도 핵심 메시지를 염두에 두지 않는다면 제안사의 강점을 나열만 하게 되고 평가자는 들을 때는 수긍하지만 듣고 나면 내용을 요약하기 어렵게 된다. 핵심 메시지는 나열한 내용을 하나로 묶어 줘 내용 전달과 기억에 유용한 역할을 한다.

핵심 메시지는 어떻게 선정하는지 살펴보자.

핵심 메시지를 선정하는 것은 많은 고민과 노력이 요구되며 인고의 시간이 필요하다. 자사 분석과 경쟁사 분석을 통해 파악한 강점과 약점을 나열하고 제안사만이 잘할 수 있는 항목을 찾아야 한다. 제안사가 잘할 수 있는 항목 중 사업 수행과 연관성이 높은 항목은 강력한 핵심 메시지가 된다. 제안 팀원과 함께 메시지 후보들을 검토하고 고도화 작업을 통해 하나의 핵심 메시지를 도출하게 된다.

사례에서 보듯이 핵심 메시지는 가장 상위에 위치하고 있고, 그 밑에는 핵심 메시지를 뒷받침하는 하위 메시지가 존재하며, 최종적으로는 메시지를 실증하는 여러 가지 근거가 제시될 수 있어야 핵심 메시지로서 의미가 있다.

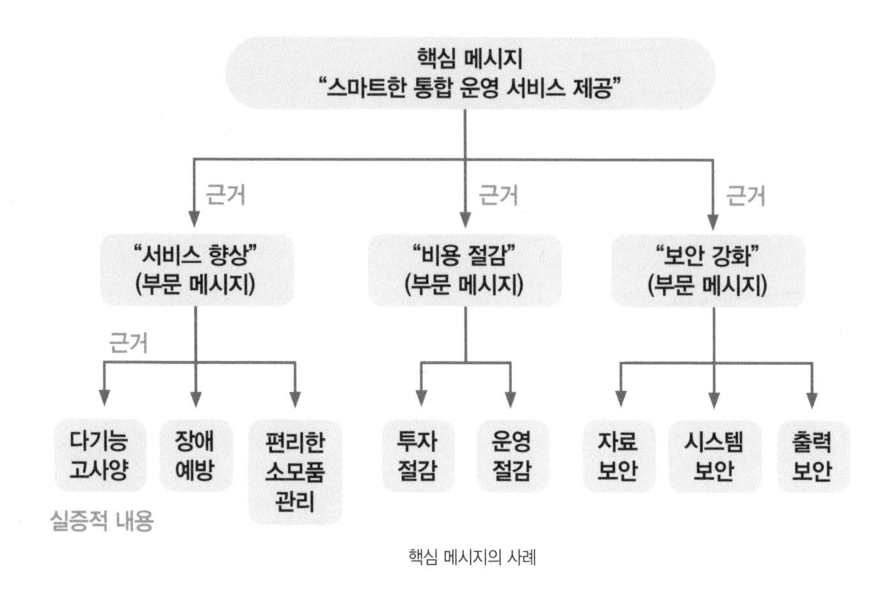

핵심 메시지의 사례

요약하면, 핵심 메시지는 논리적인 근거가 뒷받침돼야 하며 논리적인 근거가 없다면 근거를 발굴하거나 다른 메시지로 교체해야 한다.

핵심 메시지를 쉽게 도출할 수 있다는 것은 제안 경쟁력이 있다는 것을 의미하고 핵심 메시지를 찾기 어렵다는 것은 사업 경쟁력이 없다는 것을 의미한다.

만약, 핵심 메시지를 발굴하기 어렵다면 차선을 선정하고 차선이 없으면 차차선을 선정해야 한다.

핵심 메시지는 발표 내용의 기준점이자 발표를 듣는 평가위원의 머릿속에 기억돼야 할 내용이다.

Section 06

발표 방향은 어떻게 설정할 것인가?

자사 분석과 경쟁사 분석을 통해 핵심 메시지를 도출하고 평가위원을 파악했다면 이를 바탕으로 어떠한 방향으로 발표를 할 것인지 결정해야 한다. 발표 방향을 설정한다는 것은 발표의 톤과 분위기를 결정하는 것이다.

업계를 선도하는 업체는 1등을 강조하지 않는다. 이미 누구에게나 잘 알려진 내용을 강조하는 것은 무의미하다.

우수성을 인정받지 못하거나 우수성이 잘 알려져 있지 않은 업체가 오히려 다른 업체 못지않게 우수하다고 강조해야 한다. 제안도 이와 마찬가지로 자타가 인정하는 우수한 경쟁력을 보유하고 있다면 우수성을 너무 강조할 필요는 없다. 반면, 수주 가능성이 낮은 경우에는 제안사의 강점을 부각하고 제안사가 사업을 성공적으로 수행할 수 있다고 강하게 주장해야 한다. 평가위원에게 반감을 줄 수도 있지만, 낮은 수주 확률을 높이기 위해서는 좀 더 공격적으로 제안해야 한다. 이미 경쟁력이 없는 상황이라면 이를 극복할 수 있는 조치가 필요하며 상황을 역전시킬 방안을 찾아야 한다는 의미이다.

제안 상황과 경쟁 구도에 따라 발표의 방향을 설정한다. 발표의 방향을 설정하면 발표자의 마음가짐도 상황에 맞게 바뀌어야 한다.

방어형이나 RFP 충실형으로 발표하는 경우에는 제안사의 인지도나 사업 구도가 불리하지 않은 상황에서 활용하는 방식이다. 이때는 큰 실수 없이 정제되고 세련된 분위기로 평가위원에게 신뢰감을 줄 수 있도록 발표하면 된다.

공격형 발표는 제안사의 사업 구도가 불리해 사업 수주가 어렵다고 판단될 경우에 활용하는 발표 방식이다. 이때의 발표자는 진지하고 신념에 찬 모습으로 제안사의 강점을 강하게 부각할 수 있어야 한다. 경쟁력이 약한 제안에서는 제안사가 사업을 수행해야 하는 이유를 찾기 어렵지만, 사소한 강점이라고 하더라도 근거를 중심으로 논리적으로 주장해야 한다. 입찰에 참여하기로 결정했다면 수주 가능성이 낮더라도 사업 수주를 위해 도전해야 하기 때문이다.

정보 전달형은 말 그대로 교단에서 강의하듯이 자유로운 분위기에서 발표를 진행하는 형태이다. 이는 수주가 거의 확정된 경우에 활용하는 방식이다. 발표에 앞서 발표 방향을 먼저 설정하면 발표자의 목소리, 제스처, 자세를 발표의 방향에 맞춰 연출할 수 있게 된다.

방어형

경쟁 구도는 유리하지만, 선행 사업을 수행하면서 취약점이 노출된 경우

공격형

경쟁 구도가 불리해 평이하게 발표하면 실주 가능성이 높은 경우

RFP 충실형

고객의 요구 사항이 까다롭고 RFP 자격 요건을 맞추기 어려운 경우

정보 전달형

경쟁 우위에 있거나 단독 입찰로 수의 계약이 예상되는 경우

발표 방향 설정 사례

나의 발표 수준은 어느 정도일까?

(각 항목당 5점 만점)

구분	비율(%)	평가 포인트	점수
오프닝	10	인상 깊은 오프닝으로 관심과 흥미를 유발하고 있는가?	
		목적과 방향을 분명하게 전달하는가?	
기획력	25	고객(청중의 요구사항, Pain Point)에 대한 정확한 분석과 적절한 해결 방안이 제시되고 있는가?	
		처음부터 끝까지 하나의 스토리라인으로 매끄럽게 전개하는가?	
		핵심 메시지가 부각되고 있는가?	
		전후가 논리적으로 구성돼 있는가?	
		구체적이고 정확한 데이터가 제시되고 있는가?	
제작력	25	청중의 눈에 쉽게 들어오도록 작성됐는가?	
		자료의 내용 전개는 원활한 흐름이 유지되고 있는가?	
		정보의 분할이 적절한가?(One Slide, One Massage)	
		다양한 멀티미디어 기능을 활용해 전달력을 높이고 있는가?	
		창의적이고 참신한 표현으로 청중의 이목을 끄는가?	
발표력	25	발표 내용에 대해서 충분한 지식이 있고 완벽하게 숙지하고 있는가?	
		표정, 자세, 시선 처리, 제스처, 공간 이동이 자연스러운가?	
		목소리의 음색, 크기, 억양, 속도는 적절한가?	
		청중의 반응을 체크해 PT 페이스를 조절하고 있는가?	
		청중의 집중과 몰입을 유도하는가?	
클로징	15	핵심 메시지를 청중에게 전달하는가?	
		깊은 인상을 심어 주는 클로징을 하는가?	
		발표 시간을 준수해 종료하는가?	

배점	참고 수준
탁월(100~90)	• PT 기획, 제작, 발표력이 매우 뛰어난 수준 • 대형 프로젝트 사업 수주에 도움이 되는 수준
우수(80~70)	• PT 기획, 제작, 발표력이 우수한 수준 • 일반 프로젝트 사업 수주에 도움이 되는 수준
보통 이하(69~)	• PT 기획, 제작, 발표력이 일반적인 수준 • 실제 제안 설명회 투입을 위해 보완이 필요한 수준

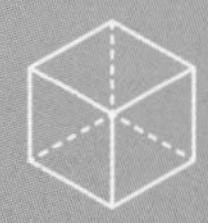

PRESENTATIO

원고를 연극 대본처럼 작성하라

자사, 고객사, 경쟁사의 현황 파악을 바탕으로 제안사가 강조해야 할 핵심 메시지와 발표 유형을 결정했다면 이제는 발표 원고를 작성해야 한다.

사업 규모와 발주 기관에 따라 차이는 있지만, 대부분의 발표 시간은 60분을 넘지 않는다. 발표 원고를 작성하는 일은 힘들고 귀찮은 일이지만, 발표 시간이 60분 미만이면 발표 원고를 작성하는 것이 좋다. 특히, 발표자가 전문 프레젠터가 아니라 발표에 자신이 없는 사람이라면 발표 원고를 반드시 작성하길 권장한다.

일부 발표자는 시간이 많이 소요되는 발표 원고 작성에 스트레스를 받고 원고 작성에 대한 부정적인 이미지를 갖고 있는 경우도 있다. 예를 들어 발표 내용을 글로 작성을 하다 보면 발표가 자연스럽지 않고 딱딱한 분위기가 될 수 있다고 생각한다. 더 큰 문제는 외워서 발표하다 보니 중간에 잊어버리면 머릿속이 하얗게 돼 발표를 망칠 수 있다고 걱정한다.

하지만 이는 잘못된 생각이다. 발표 원고는 발표하는 내용을 그대로 글로 옮기는 것이다. 다시 말해 글말이 아니라 입말을 원고로 작성하는 것이다. 연극에도 대본이 있다. 발표 원고도 마치 연극 대본처럼 작성해야 한다. 발표자의 익숙한 단어와 문장 스타일을 활용하고 발표자의 호흡, 제스처와 무대를 움직이는 동선까지 고려해 원고를 작성한다면 자연스러운 발표 원고가 될 수 있다.

이번에는 원고 내용을 잊어버려 머릿속이 하얗게 되는 문제에 대해서 생각해 보자. 발표 원고는 길어야 60분이고 대부분 20~30분이다. 원고 내용은 그리 많은 양이 아니다. 원고를 숙지할 때는 발표 자료의 흐름과 내용을 참조하기 때문에 숙지하기가 어렵지 않고 내용을 잊어버리는 경우도 거의 없다. 만약, 원고 내용을 잊을

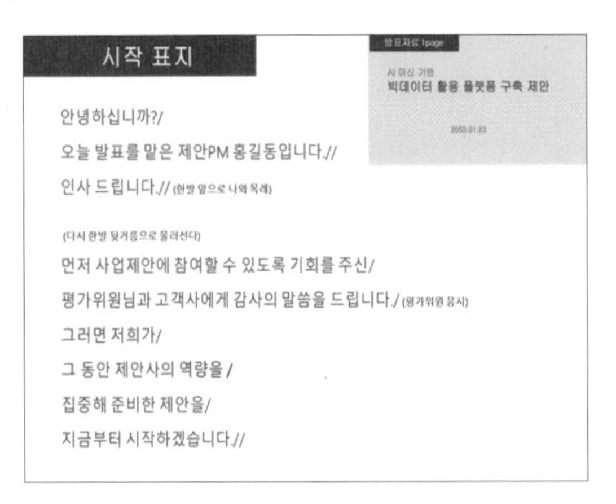

발표 원고 작성 예시

정도로 연습하지 않았다면 좋은 발표를 할 수 있는 준비가 되지 않았다는 것을 의미한다.

그러면 발표 원고는 왜 필요할까? 경쟁 제안은 작게는 수십 억 원에서 크게는 수천 억 원의 사업을 수주하기 위한 치열한 싸움이다. 정해진 시간을 최대한 효율적으로 활용해 제안 발표를 준비할 수 있어야 한다. 제안 과정에서 발표를 준비하는 시간은 늘 부족하기 때문이다.

발표 원고는 발표 연습 시간을 효율적으로 사용할 수 있게 해 주고 발표자에게 발표의 기준점을 제공해 주는 역할을 한다. 발표 원고가 없다면 발표할 때마다 내용이 조금씩 달라져도 파악하기 어렵고 어떻게 개선해야 할지 방향을 잡기 어렵다. 발표 원고 없이 연습하면 원하는 발표 수준에 도달하기까지 더 많은 시간이 소요될 수밖에 없다. 발표 원고는 하고 싶은 말, 해야 할 말, 고객이 듣고 싶은 말을 빠짐없이 효과적으로 전달할 수 있게 해 준다. 더욱이 최근에 늘어나고 있는 비대면, 온라인 경쟁 PT 경우에는 발표 원고를 보고 발표할 수 있으므로 내용을 숙지해야 하는 부담감이 없다.

발표 원고를 작성하는 것은 글을 쓰는 작업이라 힘들고 귀찮지만, 몇 가지 원칙을 지킨다면 누구나 쉽게 발표 원고를 작성할 수 있다. 3장에서는 발표 원고 작성 요령에 대해 알아본다.

더 알아보기

발표 원고를 키워드 중심으로 작성하는 경우도 있다. 이 경우 발표자가 간단하게 참조할 수 있도록 발표 순서와 내용에 대한 키워드를 조합해 작성할 수 있지만, 시간이 길지 않은 제안 발표에서는 추천하지 않는다. 내용을 잘 파악하고 있고 발표에 대해 뛰어난 역량을 갖춘 발표자의 경우를 제외하고는 발표 원고를 자세히 작성하는 것이 발표 준비에 효과적이다.

발표 원고에는 세 가지를 담아야 해!

- 내가 하고 싶은 말
- 해야 하는 말
- 청중이 듣고 싶어 하는 말

Section 01

발표 시간을 고려해 작성하라

주어진 발표 시간은 반드시 지켜야 한다. 주어진 발표 시간에 비해 너무 빨리 발표를 마치면 성의가 없어 보이고 발표 시간을 초과하면 좋은 이미지를 주지 못한다. 조달청에서 평가하는 제안 발표는 발표 시간이 초과될 경우 공정성을 위해 발표를 강제로 종료시킨다. 일반기업의 경우, 간혹 발표 시간이 초과되는 것을 허용하지만, 설사 그렇다 하더라도 정해진 발표 시간을 초과하는 것은 권장하지 않는다. 그러면 발표 원고는 어느 정도의 양으로 작성하는 것이 좋을까?

발표 원고를 작성할 때 발표 시간을 고려해 작성하면 원고를 작성한 후에 추가로 원고량을 시간에 맞추는 작업을 줄일 수 있다. 적절한 원고의 양은 분당 270자로 계산하는 것이 좋다. 보통 사람의 1분 동안 발화량은 300자 정도이지만, 자료를 넘기는 시간과 청중에게 여유 있게 전달하는 것을 고려하면 분당 270자로 계산하는 것이 적당하다. 분당 270자로 계산하면 20분 발표 시 19분 전후에서 발표를 마무리할 수 있게 된다.

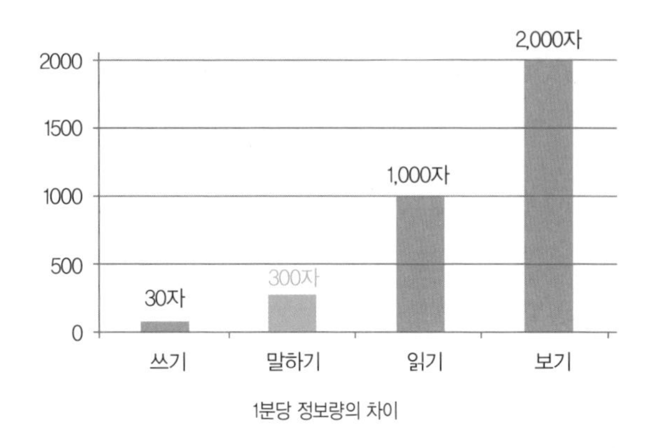

1분당 정보량의 차이

말의 속도는 개인별로 차이가 있지만, 분당 280자를 넘으면 말의 속도가 빨라지고 내용 전달력이 떨어지기 시작한다. 발표 원고량을 정해 놓고 말의 속도로 시간을 조정하는 것은 바람직하지 않다.

발표 시간이 20분인 경우, 원고량은 특수 문자나 공백을 제외하고 5,400자(270자 × 20분)를 작성하면 된다. 마이크로소프트 사의 MS 워드나 시중의 문서 편집기는 글자 수를 자동으로 계산해 주기 때문에 일일이 셀 필요는 없다.

전체 발표 분량은 관리가 필요하지만, 발표 내용의 부문별로도 시간 조절이 필요하다. 특별한 기획 의도 없이 특정 부문에 많은 시간을 할당하면 상대적으로 다른 부문의 시간이 줄어들어 발표 내용의 밸런스가 깨진다.

발표는 오프닝(머리말), 도입부, 본론, 마무리, 클로징(맺음말)으로 구분할 수 있고 오프닝 7.5%, 도입부 15%, 본론 60%, 마무리 10%, 클로징 7.5 % 정도의 시간 배정을 추천한다.

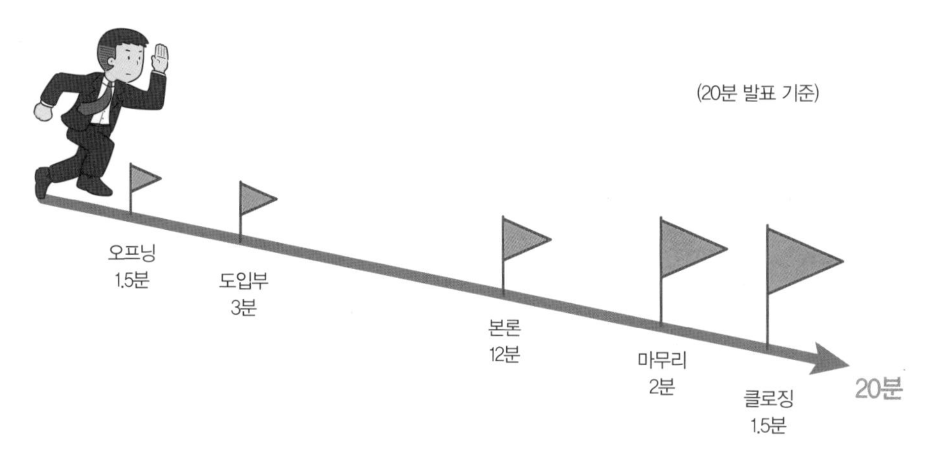

※ 오프닝(머리말)는 도입부의 일부이고 클로징(맺는 말)은 마무리의 일부이지만, 역할의 중요성을 감안해 분리해 다루고 있다.

이 책의 내용은 원칙적인 것이며 부문별 시간은 제안 발표의 기획 의도에 따라 조절할 수 있다. 하지만 수행 방안이나 사업 관리를 설명하는 본론의 발표 시간은 가장 많은 시간을 배정해야 한다. 발표 시간을 준수하고 부문별로도 균형 있는 발표를 하는 것은 짜임새 있는 발표를 위해 필요한 요소이다.

Section 02

발표 시에는 구성 요소 네 가지를 담아라

제안 발표는 생활 PT와 달리 공식적인 발표이므로 정해진 시간을 정확히 지켜야 하며 제안사의 특장점을 중심으로 사업을 어떻게 수행할 것인지를 설명해야 한다. 내용을 효과적으로 전달하기 위해서는 다음 네 가지 요소를 중심으로 설명하는 것이 좋다.

무엇을(What)	무엇을 말하려고 하는지 먼저 알려 주면 이해력이 높아진다.
왜(Why)	왜가 없으면 상대방의 관심과 동기를 유발하기 어렵다.
어떻게(How)	구체적으로 어떻게 해야 할지 알려 줘야 공감한다.
효과(Benefit)	어떠한 효과가 있는지 알 수 있어야 생각이 바뀐다.

내용을 효과적으로 전달하기 위한 네 가지 요소

이러한 네 가지 요소는 전체 발표 내용이나 개별 항목을 설명할 때 모두 적용된다. 전체 발표 내용에 있어서 제목은 '무엇(What)', 도입부는 '왜(why)', 본론은 '어떻게(How)'에 해당하며 마무리는 효과(Benefit)를 설명하는 영역으로 활용할 수 있다. 이때 주의해야 할 점은 청중이 본론에 좀 더 귀를 기울일 수 있도록 도입부에서 발표 주제의 의미나 중요성에 대해 충분히 설명해 줘야 한다는 것이다. 개별 항목을 설명하는 경우에도 먼저 '무엇(What)'에 대해 말할 것인지를 언급한 후 '왜(Why)'에 대해 언급하면 청중의 주의력을 집중시킬 수 있게 된다. '왜'에 대해 언급할 때는 반드시 이유(Reason)만 설명할 필요는 없으며 현황이나 문제점 또는 개선 방향을 설명해도 무방하다. '어떻게(How)'는 수행 내용을 설명하는 것이고 효과(Benefit)는 청중의 입장에서 얻게 되는 기대 효과이다. 개별 항목도 네 가지 요소로 설명하면 발표 내용이 잘 구성됐다는 느낌을 줄 수 있다.

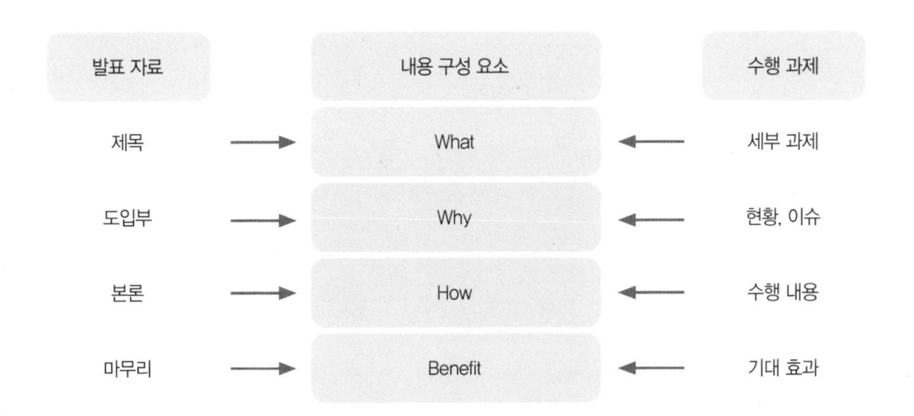

청중의 입장에서는 '무엇을(what)', '어떻게(How)', '효과(Benefit)'가 중요한 요소이겠지만, 발표자의 입장에서는 '왜(Why)' 또한 중요하다.

발표자는 기본적으로 '무엇을(what)', '어떻게(How)', '효과(Benefit)'에 대해 철저히 준비할 수 있지만, '왜(Why)'에 대해서는 상대적으로 소홀히 대하는 경우가 있다.

'왜(Why)'는 발표자가 말하는 내용이 왜 중요한지 의미를 부여하는 것으로 '왜(Why)'가 언급되지 않거나 약하게 언급되면 발표의 흐름이 밋밋해진다. 흐름이 밋밋하다는 것은 발표의 긴장감이 떨어져 발표에 집중하기 어렵다는 것을 의미한다.

원고를 작성할 때 '무엇을(What)', '왜(Why)', '어떻게(How)', '효과(Benefit)'의 네 가지 구성 요소를 모두 포함해 발표 내용을 탄탄하게 구성하자.

Section 03

용어 선택에 정성을 들여라

발표 원고는 연극 대본을 쓰는 것처럼 작성해야 한다. 이는 발표 원고를 글말이 아닌 입말로 작성하는 것을 의미한다. 글말로 작성하는 것은 문어체로 작성하는 것을 뜻하고 입말로 작성하는 것은 구어체로 작성하는 것을 뜻한다. 모니터 앞에서 바로 원고 작성을 시작하면 나중에 발표 원고를 많이 수정하게 된다. 이는 발표를 고려하지 않았기 때문이다. 이를 보완하기 위해서는 발표 자료를 활용해 몇 차례 발표를 해 본 후에 원고를 작성하는 것이 좋다. 발표 후에 원고를 작성하는 데는 다음과 같은 이점이 있다.

첫째, 지나친 수사 어구나 군더더기 문장이 줄어들게 된다. 지나친 수사 어구나 군더더기 문장은 의미 전달을 방해할 뿐 아니라 원고 숙지를 어렵게 만든다.

둘째, 발표 자료에 있는 문장이나 용어를 활용해 발표 원고를 작성하게 된다. 이는 청중에게 자료의 어느 부분을 설명하는지 파악할 수 있게 하고 발표자에게는 발표 자료를 충분히 활용할 수 있게 한다. 다시 말해 발표 자료를 통해 원고 내용을 쉽게 떠올리게 할 수 있다.

셋째, 호흡까지 고려해 원고를 작성할 수 있다. 발표자는 호흡을 생각하며 문장을 나누고 강조 문구를 작성한다. 이는 추후에 발표 원고를 수정하는 작업을 줄인다. 즉, 발표 자료를 활용해 미리 발표해 보는 것은 발표를 고려한 원고 작성을 가능하게 한다.

발표자가 사용하는 용어는 발표자의 수준과 품위를 나타내기 때문에 용어 사용에 있어서도 주의가 필요하다. 특히, 적절한 접속사나 연결어 사용은 내용의 이해력을 높이고 발표의 세련미를 더한다. 발표를 잘하고 못하는 것은 내용의 흐름을 통해 판단하게 되며 접속사는 흐름과 밀접한 관계가 있기 때문이다. 또한 격을 떨어뜨리는 용어도 사용하지 말아야 한다. 일상생활에서 습관처럼 쓰는 은어나 부정적인 말은 발표자에 대해 부정적인 이미지를 만든다.

- ~ 맨땅에 헤딩하는 것입니다.
- ~는 쪽팔리는 것입니다.
- 날밤을 까며 고생했습니다.

세련된 용어의 선택은 발표자를 빛나게하고 발표의 신뢰도를 높이는 효과가 있다. 발표 원고 작성 시 용어 선택에 정성을 기울이자. 올바른 언어 사용은 제안 발표뿐 아니라 개인의 품격을 지키기 위해서도 필요하므로 올바른 언어 사용 습관을 갖기 위해 노력해야 한다.

여기서 잠깐 **연결어 예시**

- **결과:** 따라서, 그러므로, 그래서, 그렇기 때문에, 이런 이유로, 결과적으로, 결국
- **원인:** 왜냐하면, 그 이유는, 그러한 배경에는
- **반대:** 그렇지만, 그러나, 하지만 반대로, ~ 에도 불구하고, ~라 하더라도
- **추가:** 그리고, 또한, 아울러, 그 외에도, 더욱이, 뿐만 아니라
- **사례:** 이를테면, 예를 들면, 일례로, 실례로
- **강조:** 특히, 그중, 단언하건대
- **부연/반복:** 즉, 다시 말해, 물론, 바꿔 말하면
- **요약/정리:** 요약하면, 결론적으로 말해서, 한마디로, 요는, 지금까지의 내용을 정리하면, 이와 같이, 이처럼, 여기에서 볼 수 있듯이
- **예외:** 다만, 단지

장과 장을 세련되게 연결하면 발표를
잘한다는 느낌을 주지!

Section 04

발표 내용을 구조화하라

말을 잘하는 사람에게 '말을 조리 있게 한다.'라고 표현한다. 조리는 앞뒤가 들어맞고 체계가 선다는 의미를 담고 있다. 알고 있는 것과 알고 있는 것을 설명하는 것은 별개의 문제이다. 지식 수준이 높은 교수님이라고 해서 반드시 강의를 재미있게 하거나 학생을 잘 가르친다고 단정하기는 어렵다.

내용을 조리 있게 잘 전달하기 위해서는 구조화가 필요하다. 전달 내용을 구조화하는 것은 전달력을 높이기 위해 필요할 뿐 아니라 발표자 입장에서 전달하기가 쉬워지기 때문이다. 구조화는 전달 내용을 나누고 그룹화하는 작업이다. 제안 발표에서 자주 사용하는 구조화 사례는 다음과 같다.

1. 연역적인 논리 기법으로 표현

- 핵심/주장 : ~ 는 ~입니다.
- 이유 /근거 : 왜냐하면 ~이기 때문입니다.
- 결론 : 따라서 ~입니다.

2. 내용을 구조화해 표현

- 중요 내용 중심으로 분류 : ~ 크게 세 가지로 구성돼 있다.
- 분류별로 설명 : 첫 번째~, 두 번째~, 세 번째~ 등으로 전개

(* 숫자로 구조화할 때는 5개를 넘지 않는 것이 좋다.)

3. 육하원칙을 활용한 구조화

- 누가, 언제, 어디서 무엇을, 어떻게, 왜의 요소로 설명하는 것으로, 전달하려는 메시지를 충실히 담을 수 있다.

4. 시간의 흐름을 활용한 구조화

- 과거-현재-미래, 개선 전/후는 단순하면서도 이해력이 높은 방법으로 대비 효과가 잘 드러난다.

이 밖에도 다양한 구조화 방법이 있으며 이야기를 전개하는 방식에도 동일하게 활용된다.

다양한 내용 전개 방식

종류	전개 방식	예시
시간	시간이 흐르는 순서로 나열	1분기 → 2분기 → 3분기 → 4분기 1980년대 → 1990년대 → 2000년대
장소	물리적인 위치로 나열	영국 → 프랑스 → 이탈리아 → 러시아
원인/결과	원인과 결과로 전개	경제 호황 → 복지 증대
문제/해결	문제점, 해결 방안 제시	이상 기후 발생 → 저탄소 운동 적극 참여
비교	비교 가능한 상태를 제시	적용 전 - 적용 후 Before - After 장점 - 단점
연대기	중요한 사건을 연대순으로 전개	도입기 → 적용기 → 안정기 → 쇠퇴기
프로세스	일의 진행 순서로 전개	기획-장비 선정-장비 구매-설치-테스트-오픈

Section 05

발표 자료를 활용해 작성하라

프레젠테이션은 발표자와 발표 자료로 완성된다. 발표자가 발표 자료를 보조 자료로 활용해 발표하면 청중의 이해력을 높일 수 있을 뿐 아니라 좀 더 수월하게 발표할 수 있게 된다.

'할 말을 발표 자료에 적고 자료에 있는 내용을 중심으로 발표한다.'는 프레젠테이션에서 강조되는 원칙이다. 발표 원고를 작성할 때도 이 원칙은 유효하며 발표 자료의 용어와 흐름을 중심으로 내용을 작성하면 모두 외우지 않고 내용의 흐름만 파악해도 자연스럽게 발표할 수 있게 된다.

발표 자료의 흐름은 특별한 문제가 없다면 위에서 아래로 좌에서 우로 흘러가는 방향으로 설명하는 것이 청중에게 안정감을 준다. 발표 자료의 내용과 용어를 발표에 활용하면 발표 자료의 어느 곳을 설명하는지 파악하기 쉬워져 청중의 몰입도와 이해력이 높아진다.

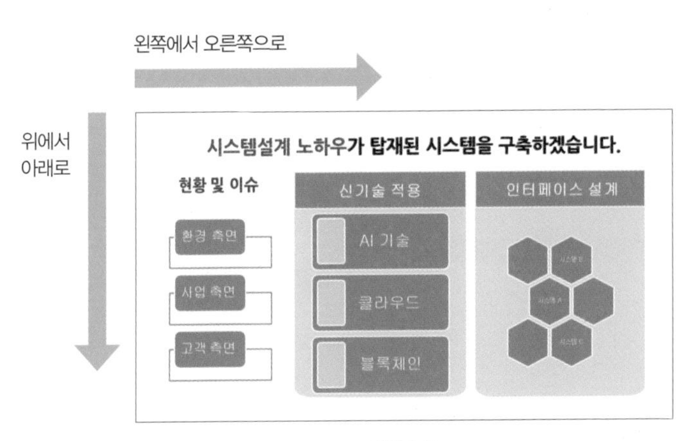

설명 순서

발표 자료가 잘 만들어졌다면 발표 준비의 절반은 이미 끝났다고 해도 과언이 아니다. 반면, 발표자의 발표 방향이나 의도가 발표 자료에 반영되지 않으면 메시지 전달에 심각한 문제가 발생할 수 있다.

특히, 사업 제안은 제안사의 특장점이 잘 드러날 수 있도록 작성해야 한다. 따라서 자료를 작성하기 전에 발표자인 제안 PM과 작성자가 함께 협의해 자료를 작성해야 한다. PT 기획이나 발표 자료 작성 시 발표자가 적극적으로 개입해야 하는 이유는 바로 이 때문이다. 발표자는 콘텐츠뿐 아니라 발표자의 관점에서 자료를 점검해야 추후에 애를 먹지 않고 발표할 수 있다.

발표자가 발표 자료에 너무 의존하게 되면 발표 자료의 보조자가 될 수 있으므로 주의가 필요하지만, 발표자와 발표 자료가 잘 맞아 돌아가는 톱니바퀴처럼 합체돼야만 프레젠테이션이 완성체가 된다.

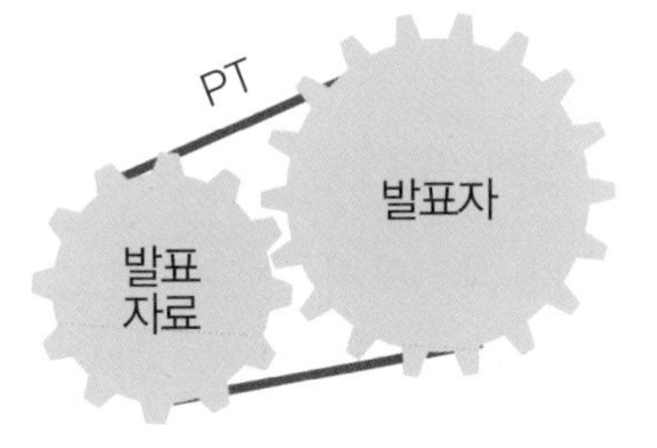

Section 06

귀에 술술 들리게 작성하라

발표하는 내용을 들어 보면 어떤 사람의 말은 잘 들리고 이해하기 쉬운 반면, 어떤 사람의 말은 이해하기 어렵고 무슨 말을 하는지 한참 생각해야 하는 경우가 있다. 발표 내용이 잘 들리게 작성하기 위해서는 발표 원고를 어떻게 작성해야 할까?

제안 현장에서 작성한 발표 원고를 점검하면서 귀에 잘 들리지 않는 원고에는 몇 가지 공통점이 있다는 것을 알게 됐다.

귀에 잘 들리게 하기 위해 신경 써야 하는 요소는 여러 가지가 있지만, 그중 대표적인 세 가지를 소개한다.

첫째, 주어와 술어가 서로 호응하도록 써야 한다. 문장의 주어와 술어가 어울리지 않으면 말의 논리가 맞지 않아 이해하기 어려워진다.

● 주어와 동사가 어울리지 않는 경우

'제안사는 전환 작업을 표준 적용, 비표준 기술 제거, 브라우저 호환성 확보의 세 가지로 진행됩니다.'

→ 주어 '제안사는'과 동사 '진행됩니다.'는 수동형으로, 어법에 맞지 않아 어색하다.

개선 후

'제안사는 전환 작업을 표준 적용, 비표준 기술 제거, 브라우저 호환성 확보의 세 가지로 진행합니다.'

● 주어가 누락된 경우

'사업 성공을 위해 신기술 전문가가 투입돼야 합니다. 빈번한 보안 사고 발생과 프로젝트 부실의 원인이 됩니다.'

→ '빈번한 보안 사고 발생'에 대한 주어가 생략돼 설득력이 떨어진다.

개선 후

'사업 성공을 위해서는 신기술 전문가가 투입돼야 합니다. 신기술 전문가 미투입은 빈번한 보안 사고 발생과 프로젝트 부실의 원인이 됩니다.'

● 주어와 술어가 떨어져 있는 경우

'제안사는 장비 제조사의 기술 지원이 중단되면 특정 사이트의 인터넷 접속이 중단되거나 일부 웹 페이지가 비정상적으로 작동하는 것을 우려하고 있습니다.

→ 주어 '제안사'와 동사 '우려하고 있습니다.'를 가까이에 두면 문장의 이해도가 높아진다.

개선 후

'장비 제조사의 기술 지원이 중단되면 특정 사이트의 인터넷 접속이 중단되거나 일부 웹 페이지가 비정상으로 작동하는 것을 제안사는 우려하고 있습니다.'

둘째, 같은 역할의 문구는 같은 형식으로 작성해야 한다. 문장에서 2개 이상의 문구가 연결될 때 서로 형식을 동일하게 작성해야 이해하기 쉽다.

- 같은 역할을 하는 문구의 형식이 틀린 경우

'시행착오 없이 사업을 수행하기 위해서는 시스템의 특성을 고려한 전환 계획과 기술 전문 인력을 투입해야 합니다.'

→ '시스템의 특성을 고려한 전환 계획'과 '기술 전문 인력을 투입해야'는 동등한 문구이지만, 형식이 틀려 설득력이 떨어진다.

개선 후

'시행착오 없이 사업을 수행하기 위해서는 시스템의 특성을 고려해 전환 계획을 수립하고 기술 전문 인력을 투입해야 합니다.' 또는 '시행착오 없이 사업을 수행하기 위해서는 시스템의 특성을 고려한 전환 계획 수립과 기술 전문 인력 투입이 필요합니다.'

셋째, 어려운 글말 대신 이해하기 쉬운 입말을 사용한다. 글말은 간결하기는 하지만, 이해력을 떨어뜨릴 수 있기 때문에 쉬운 말로 풀어 설명하는 것이 좋다.

- 어려운 문구를 쉬운 문장으로 바꾼 경우

제안사는 지속적인 성장을 이루기 위해 강력한 내구성의 고품질 제품 개발에 노력하고 있습니다.'

→ '강력한 내구성의 고품질 제품 개발'을 이해하기 쉬운 문장으로 풀어서 말한다.

개선 후

제안사는 지속적인 성장을 이루기 위해 내구성이 강한 높은 품질의 제품을 개발하기 위해 노력하고 있습니다.'

발표 원고는 글말이 아니라 입말을 사용해야 한다. 글말은 눈으로 보는 것이고 입말은 귀로 듣는 것이다. 입말이나 글말이나 간결하게 작성해야 하지만, 입말의 경우에는 좀 더 이해하기 쉽게 작성해야 한다.

Section 07

자주 범하는 실수를 줄여라

발표 원고를 작성할 때는 대개 발표자가 평소 사용하는 문장과 단어를 사용한다. 따라서 발표 원고에는 평소 개인의 말하는 스타일과 성향이 고스란히 드러난다. 예를 들어 '~하도록 하겠습니다.', '~하고자 합니다.' 와 같은 문장을 사용하거나 '~을 바탕으로'라는 문장을 습관적으로 사용하는 경우가 있다. 한두 번 사용하는 것은 문제될 것이 없지만 반복해서 사용하면 아무리 좋은 문장이라도 귀에 거슬리게 돼 내용을 전달하는 데 방해가 된다. 이 밖에도 발표 원고를 작성할 때 주의해야 할 점은 다음과 같다.

1. 본인의 약점을 쉽게 드러내지 않는다

- '시간이 없어 발표 준비를 제대로 못했다', '제안서를 급하게 작성해 오류가 있다.'와 같은 표현은 전문성을 떨어뜨리고 발표의 수준을 낮

추는 요인이 되므로 되도록 부정적인 말은 삼가는 것이 좋다.

2. 최상급 단어를 남용하지 않는다

- 가장 좋은, 최고의, 가장 저렴한 등의 최상급 용어를 지나치게 많이 사용하면 발표자에 대한 신뢰성이 떨어진다. 되도록 '품질 평가 1위의', '성능이 30% 향상된'과 같이 구체적인 근거와 수치로 표현해 공신력을 높일 수 있도록 해야 한다.

3. 고객의 관점에서 표현한다

- 제안 발표에서 고객의 관점으로 표현하는 것은 매우 중요하다. 고객의 관점에서 발표한다는 것은 고객의 눈높이에 맞춘다는 것을 의미한다. 하지만 제안사의 관점으로 '어떻게 하겠습니다.'라는 내용으로 발표하는 경우가 많다. 여기서 끝나지 않고 고객에게 어떠한 효과가 있는지, 고객에게 어떤 의미가 있는지를 언급하면 청중의 몰입도가 높아질 것이다.

4. 수동형이 아닌 능동형으로 표현한다

- '시스템이 구축될 것입니다', '역량이 집중됩니다.'와 같은 표현보다 '시스템을 구축할 것입니다.', '역량을 집중하겠습니다.'와 같이 능동적인 표현을 사용하면 내용의 이해도가 높아진다.

5. 장황하게 설명하지 않는다

- 아는 것이 많으면 하고 싶은 말도 많아진다. 아는 것이 많은 발표자는

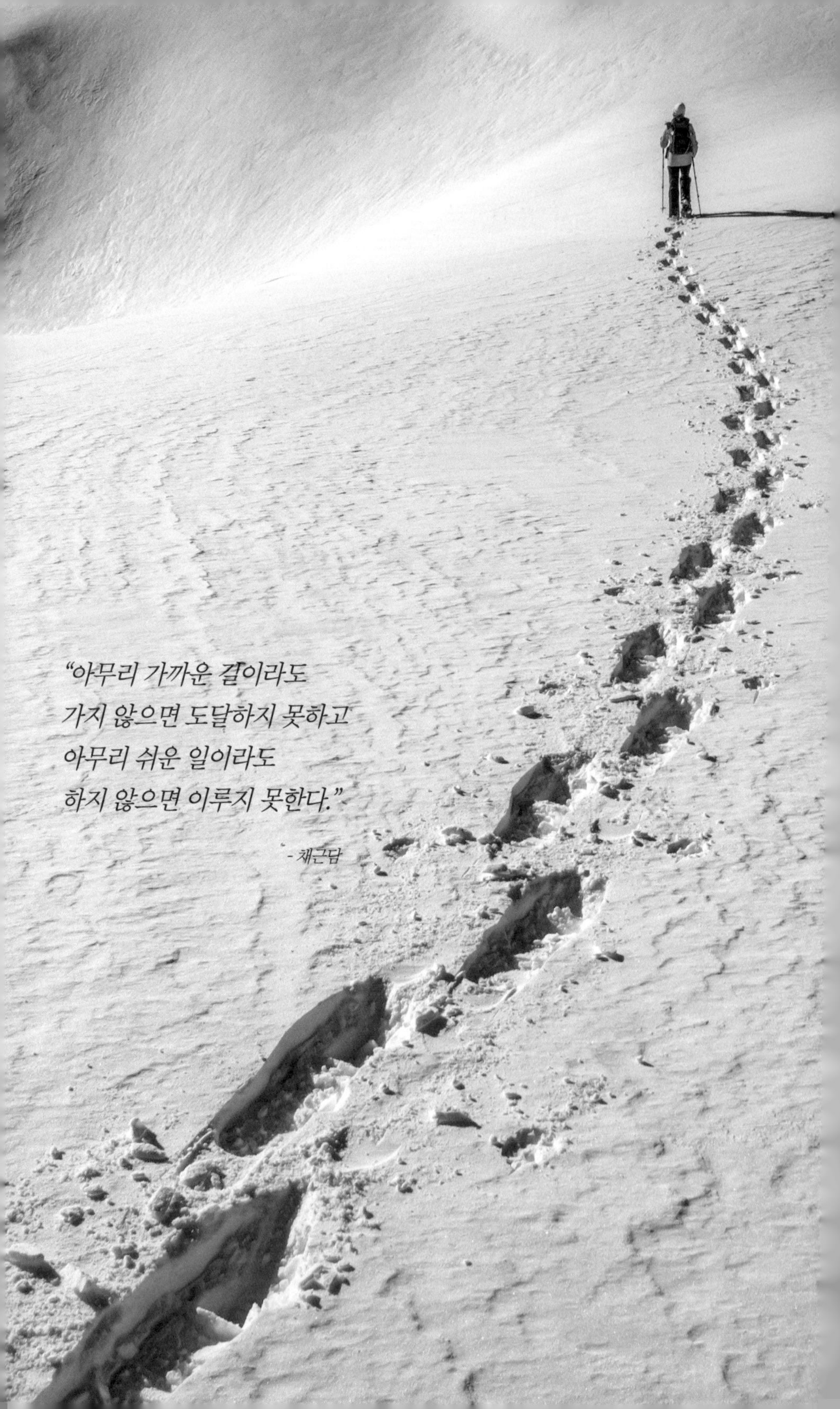
"아무리 가까운 길이라도
가지 않으면 도달하지 못하고
아무리 쉬운 일이라도
하지 않으면 이루지 못한다."
- 채근담

발화량이 많고 유창하다는 장점이 있고 매 순간 고개가 끄덕여지지만 발표가 끝나면 무슨 이야기를 했는지 요약이 안 되는 경우가 많다. 전달하고자 하는 메시지와 무관한 내용이라면 과감하게 삭제해 메시지를 명확하게 전달하는 것이 좋다.

발표 원고를 작성하는 원칙은 어법이 맞아야 하고, 전달 내용을 쉽게 이해할 수 있도록 작성해야 한다. 작은 표현 하나하나에 정성을 기울여야 전체적으로 완성도가 높아진다. 원고를 작성하는 작업은 곧 글을 작성하는 작업이지만 말하는 내용을 그대로 글로 옮기는 작업이기도 하다. 따라서 발표 원고를 작성하는 것은 평소 내가 발표하던 내용을 글로 옮겨 점검하는 과정이라고 할 수 있으며 발표 원고의 수준이 발표자의 발표 수준이라고 생각할 수 있다. 만약, 발표 원고를 쓰는 것에 어려움을 겪는다면 본인의 발표 수준이 아직 부족하다는 것으로 이해해야 한다.

발표 시간이 1시간 미만이라면 발표 원고를 작성하여 본인의 말하는 스타일을 점검하고 핵심 내용이 잘 드러나는지도 점검해야 한다.

Section 08

지속적으로 보완하고 다듬어라

발표 원고는 한 번 작성하면 끝나는 것이 아니다. 발표 원고가 완성되면 연습을 통해 숙지하기 시작하는데, 이때 유난히 발음하기 어려운 단어나 잘 사용하지 않아 입에 익숙하지 않은 용어 또는 호흡이 맞지 않아 발성이 어려운 문장이 드러난다. 발표 연습을 반복적으로 하다 보면 불필요한 문장이 보이고 지나치게 화려한 수사 어구도 나타난다. 발표 연습을 하는 과정에서 발표 원고를 수정하는 경우가 발생하지만, 발표 내용의 의미와 흐름이 훼손되지 않는다면 크게 문제될 것이 없다. 전문적으로 글을 쓰는 사람도 발표 내용을 한 번에 완성하기는 어렵다. 따라서 전문적으로 글을 쓰는 사람이 아니라면 수정 작업은 많을 수밖에 없다. 수정사항을 발표 원고에 반영하는 작업을 게을리해서는 안 된다. 발표 원고는 연습을 하는 기준점이 되기 때문이다.

또한 발표 원고를 작성하고 보완하는 시간을 아까워하지 말아야 한다. 발표 원고를 보완하는 작업은 주로 발표 연습 시간을 통해 이뤄지며 발표 원고의 보완 과정을 통해 발표의 완성도가 높아진다.

발표 연습을 하는 과정에서 전달 효과를 높일 수 있는 참신한 아이디어가 떠오르기도 한다. 이러한 참신한 아이디어를 발표에 적극적으로 활용하면 발표의 수준이 높아지고 자신만의 개성을 갖는 발표로 완성될 수 있다.

경쟁 제안은 제안팀 모두의 역량이 결집된 결과물이라 할 수 있지만, 마지막 마무리는 제안 PM이 발표로서 마무리해야 한다. 한정된 시간에 제안 발표를 준비하는 것은 발표자에게 스트레스이겠지만, 경쟁자에게도 동일한 조건이라는 것을 잊지 말아야 할 것이다. 결국 경쟁 PT는 상대 평가이므로 경쟁사보다 잘하기만 하면 된다.

이는 누가 더 끝까지 집중해 발표를 준비하느냐가 중요하다는 것을 의미한다. 경쟁 제안에서 끝까지 끈기 있게 최선을 다하는 것은 수주의 자물쇠를 여는 열쇠가 될 것이다.

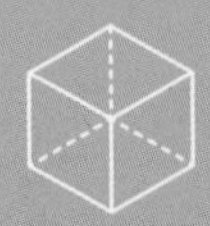

PRESENTATIO

4장

연습에 왕도는 없지만 요령은 있다

4장에서는 발표 연습에 대해 알아본다. 발표 원고 작성 작업이 끝나면 본격적으로 연습 단계로 접어든다. 발표를 잘하는 사람이든, 발표를 못하는 사람이든 발표 연습은 반드시 해야 한다.

발표를 잘하는 사람의 경우에는 연습을 통해 메시지가 잘 전달되고 있는지, 내용은 잘 들리는지, 용어의 선택은 적절한지 등을 점검해야 하며 공간 활용도 적극적으로 검토해야 한다. 간혹 발표 경험이 많다고 생각하는 사람은 오히려 발표에 대한 자신감으로 발표 연습을 게을리 하게 되는 경우가 있다. 하지만 진정한 고수는 발표 연습의 중요성을 잘 알고 있으며 오히려 더 열심히 발표 연습에 집중한다.

발표 경험이 적거나 발표에 자신이 없는 발표자에게 발표는 두려움을 넘어 공포의 대상이 된다. 심한 경우, 발표일이 다가올수록 잠을 제대로 이룰 수 없을 정도로 스트레스를 받기도 한다. 단언하건대, 이런 경우의 해결 방법은 연습밖에 없다. 연습을 하다 보면 두려움은 조금씩 줄어들고 시간이 지남에 따라 자신감을 회복할 수 있다. 요약하면 발표 역량과 관계없이 발표자는 발표 연습에 집중해야 한다는 것이다.

발표 연습 방법에는 왕도가 없다. 발표자는 누구나 자기 나름의 방식으로 내용을 숙지하고 발표 연습을 한다. 연습 과정을 통해 내용을 숙지하고 발표 전달력을 높이는 제스처와 자세, 목소리 운용을 점검하고 보완하는 작업을 진행한다.

문제는 시간이다. 입찰 사업에 따라 발표를 준비할 수 있는 시간은 차이가 있지만, 보통 제안서를 제출한 후 3~5일 내에 제안 발표를 진행하며 빠른 경우에는 하루, 이틀 안에 발표가 이뤄진다. 제안서를 준비하기 위해 그동안 열심히 달려온 발표자에게는 제안서 제출 후 발표를 기다리는 시간은 에너지가 모두 소진돼가는 시점이기도 하다. 따라서 한정된 연습 시간을 낭비 없이 효과적으로 사용할 수 있어야 한다.

시중에는 프레젠테이션 기법과 발표 스킬 향상에 대한 자료가 차고 넘친다. 그럼에도 불구하고 발표가 어렵다고 생각하는 이유는 머리로 이해하는 것이 아니라 몸으로 체득해야 하기 때문이다. 발표는 머리로 이해하는 것으로는 부족하고 몸으로 체득될 수 있을 때까지 반복적으로 연습해야 한다. 몸으로 체득되기까지는 절대적인 연습량이 필요한데, 이것이 바로 발표를 힘들게 하는 요인이다. 발표를 잘하고 싶다면 무엇보다 절대적인 연습 시간을 채워야 한다.

이와 아울러 중요한 것은 시행착오 없는 효과적인 연습 방법을 선택하는 것이다. 제안 현장에서는 연습 과정이 적절하지 못해 아까운 시간을 허비하는 경우가 종종 발생한다. 예를 들어 자리에 앉아 발표 원고만 외워 아까운 시간을 낭비하거나 소리를 내지 않고 속으로만 중얼거리며 연습해 연습의 효율성을 떨어뜨리는 경우도 있다. 이런 방법은 연습 시간이 길어질 뿐만 아니라 내용 숙지를 어렵게 만든다.

4장에서는 지금까지 제안 현장에서 필자가 발표자에게 실시한 훈련 방법을 소개하고자 한다. 4장에서 소개하는 연습 방법이 절대적이지는 않지만, 많은 발표자에게 적용해 그 효과가 입증된 것이다. 발표 연습 방법에 절대적인 왕도는 없지만, 요령은 있다.

무의식의
단계
의식의 단계에서 무의식의 단계로
넘어갈 때까지 해야겠네.
연
습
의식의
단계
발표 연습은 어느 정도 해야 할까?

Section 01

발표의 흐름을 먼저 숙지하라

내용 숙지를 할 때 가장 먼저 해야 할 일은 발표의 흐름을 이해하는 것이다. 발표의 흐름을 숙지하는 데에는 두 가지 장점이 있다.

첫째, 발표의 목적지를 명확히 알 수 있다. 발표의 전체적인 구조를 이해하지 못하고 개별적인 내용을 숙지하면 시간이 많이 걸릴 뿐 아니라 내용 숙지가 부족한 경우, 발표의 방향성을 잃기 쉽다. 발표의 흐름을 이해한다는 것은 그림을 그릴 때 전체적인 구도를 잡는 것과 같으며 여행을 할 때 어디를 경유해 어떻게 목적지에 도착할 것인지에 대한 큰 흐름을 알고 있는 것과 같다. 만약 중간에 문제가 생겨 중간 지점을 놓쳤다 하더라도 다음 도착지를 알고 있다면 궤도 수정을 통해 원하는 목적지에 큰 문제 없이 도착할 수 있게 된다. 반면, 전체적인 흐름을 정확하게 파악하고 있지 못하면 중간에 문제가 생겨도 궤도를 수정하는 데 어려움을 겪을 수 있다.

둘째, 흐름을 파악하고 있다면 전체적인 발표 구조를 알고 있어 장과 장 사이를 세련되게 넘어갈 수 있다.

장 전환 사례

'지금까지 고객의 문제점을 세 가지 측면에서 말씀드리고 이에 대한 해결 방안을 말씀드렸습니다. 다음 장에서는 이러한 해결 방안이 고객에게 어떠한 효과가 있는지 자세히 말씀드리겠습니다.'

세련된 장 전환은 발표자를 전문가처럼 보이게 하고 청중의 이해도를 높여 발표 내용에 좀 더 편안하게 집중할 수 있게 만든다.

발표 중에 발표할 내용이 무엇이고 발표 순서는 어떠하며 현재 어디에 있는지 수시로 알려 주지 않으면 청중은 발표의 흐름을 놓치기 쉽다. 청중이 발표의 흐름을 놓치는 순간, '발표자가 왜 저런 이야기를 하고 있지?', '지금 어디를 말하고 있는 거야?'라고 생각하게 되고 이렇게 되면 발표 내용에 집중하기 어려워지고 내용 전달력도 급격히 떨어진다. 발표자가 발표의 흐름을 숙지하는 것은 세부 내용을 숙지하는 데 도움이 될 뿐 아니라 그림을 스케치하듯이 청중에게 발표 내용을 스케치할 수 있도록 해 준다.

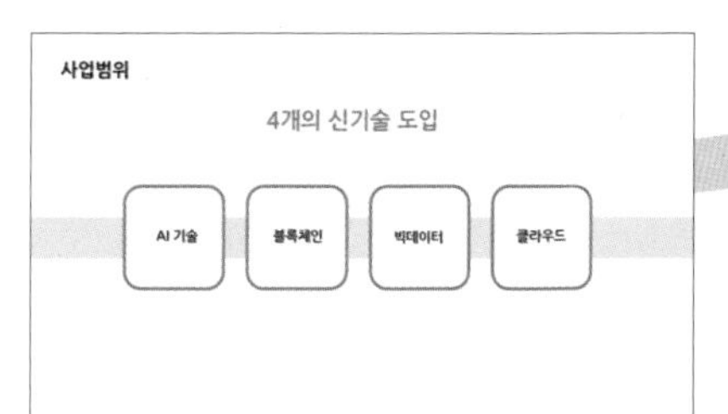

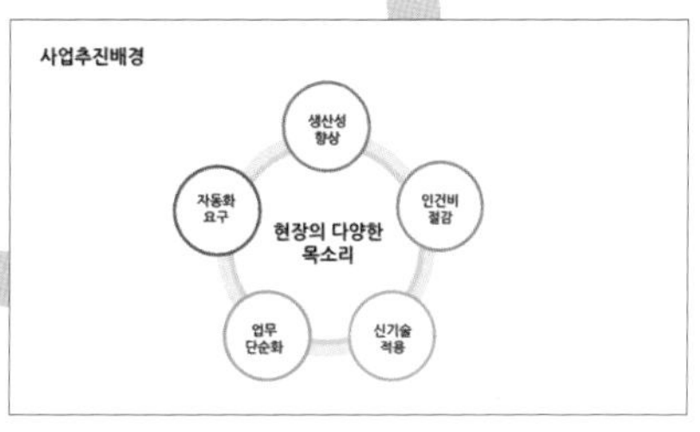

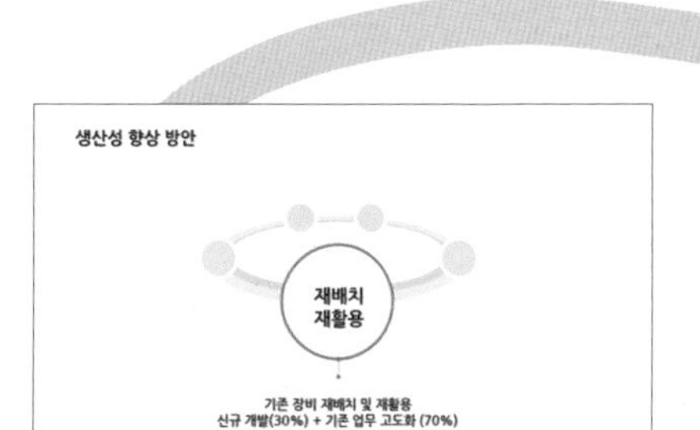

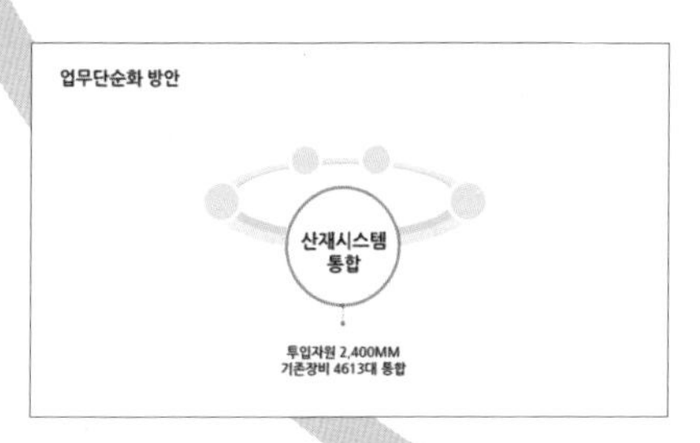

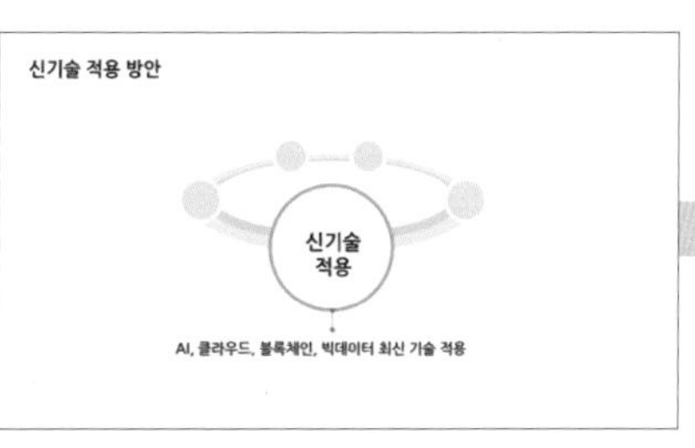

아! 역시 발표의 흐름을
먼저 파악해야 해!

Section 02

나누고 합쳐서 숙지하라

원고를 숙지할 때는 한 번에 모두 외우는 것보다 부문별 또는 장별로 나눠서 숙지하는 것이 효과적이다. 모든 것을 한 번에 외우려고 하면 발표자는 쉽게 지치고 효율성도 떨어진다. 도입부와 본문, 마무리 등 부문별로 나눠 연습하고 어느 정도 숙지가 됐으면 합쳐서 연습하라.

나누고 분할해서 숙지해야지!

원고를 나눠서 연습하면 쉬운 부분보다는 어려운 부분에 더 집중할 수 있다. 숙지가 잘되는 곳은 가볍게 지나가고 어려운 부분을 집중적으로 연습한다. 연습을 해도 유난히 숙지하기 어렵거나 발음이 꼬이는 경우에는 발표자가 발표하기 편안한 흐름과 어휘로 바꾸는 것을 고려해야 한다.

발표 원고의 활용에 있어서 발표 경험과 개인의 스타일에 따라 차이가 날 수 있다. 발표나 강의 경험이 많은 발표자는 발표 원고대로 발표하는 것을 불편해하고 자연스러움과 호흡 조절을 위해 내용의 의미가 훼손되지 않는 선에서 애드리브를 구사하는 것을 선호한다.

이와 반대로 발표에 대한 자신감이 떨어지는 발표자는 발표 원고를 충실히 숙지하고 발표 자료를 많이 참조하려고 노력한다. 전달하고자 하는 내용과 의미가 바뀌지 않는다면 개인의 스타일에 맞춰 숙지하면 된다. 이때 주의해야 할 점은 외우기가 번거롭다는 이유로 애드리브를 하는 경우에는 전달하는 의미가 달라지기 싶고 전문성이 떨어져 보일 수 있으므로 되도록 원고에 충실하게 숙지하는 것이 좋다.

큰 벽화를 그릴 때 전체 구도를 잡은 후에 나눠 작업하듯이 원고를 나눠서 숙지하면 쉽게 외울 수 있고 심리적으로도 안정감을 얻을 수 있게 된다. 내용을 나눠서 숙지하고 숙지가 어려운 부분을 집중 공략하다 보면 생각보다 빨리 목적지에 도착한 자신을 발견하게 될 것이다.

Section 03

전달력을 높이는 도구, 목소리

학생이 수업 시간에 졸고 있는 것은 선생님의 목소리와 관련이 있을 가능성이 높다. 목소리가 작아 잘 들리지 않으면 몰입하기 어렵고 높낮이 없이 일정한 크기로 말을 하면 지루함을 느끼게 된다. '목소리는 소리 나는 명함'이라는 말이 있을 정도로 개인마다 음색과 말투가 다르고 목소리에 따라 내용 전달력이 확연하게 차이난다. 아무리 좋은 내용이라 하더라도 목소리가 좋지 않으면 전달력이 급격히 떨어진다. 가수, 아나운서, 성우, 큐레이터와 같이 목소리를 많이 사용하는 직종에 있는 사람은 좋은 목소리를 유지하기 위해 꾸준히 노력한다.

좋은 목소리는 상대방이 듣기에 거부감 없고 잘 들리는 목소리이다. 좋은 목소리는 타고나는 것이라고 생각하는 사람이 많지만, 꾸준한 훈련을 통해서 얼마든지 듣기 좋은 목소리로 가꿀 수 있다. 그럼에도 불구하고 자기 목소리에 만족하는 사람은 그리 많지 않다. 목소리는 개인마다 특성이 있고 서로 다르기 때문에 목소리에 대해 스트레스를 받을 필요는 없다. 다만, 발음이 명확하지 않거나 소리가 작아 상대방과 대화하는 것이 어렵다면 꾸준하게 개선하려는 노력이 필요하다. 창을 하는 사람이 판소리를 8시간 이상 할 수 있는 것은 타고 난 것보다는 부단한 연습을 통해 목소리의 성량을 향상시켰기 때문이다.

연습을 통해 성우처럼 좋은 목소리를 갖는 것은 불가능할 수 있지만 발표를 하기에 좋은 목소리를 만드는 것은 연습만으로 충분하다.

지금부터 듣기 좋고 전달력 높은 목소리를 갖기 위한 방법에 대해 알아보자.

목소리는 호흡, 발성, 발음 세 가지로 구성된다.

목소리의 구성 요소

호흡

목소리의 구성 요소 중 제일 중요한 것은 '호흡'이다. 호흡 요령을 통해 발성과 발음을 하고 호흡 조절로 문장의 완급을 조절할 수 있기 때문에 호흡을 잘하면 여유 있게 발표할 수 있다. 떨리는 목소리도 호흡을 통해 어느 정도 개선할 수 있다. 예를 들어 문장과 문장 사이에 긴 호흡을 하면 편안하게 다음 문장으로 넘어갈 수 있으므로 안정적인 목소리를 유지할 수 있다.

호흡은 끊어 말하기와 관련이 있다. 호흡이 일어나는 것은 문장 사이와 소리의 간격 사이이며, 이때 끊어 말하기가 이뤄진다. 지나치게 소리를 나눠 호흡하는 것은 말이 끊어지는 것처럼 느껴지므로 주의가 필요하다.

끊어 말하기 요령

1. 주어 뒤에서 끊는다.
   예 고객의 요구사항은/ 비용 절감과 생산성 향상입니다.
2. 부사, 형용사와 같이 단어를 꾸며 주는 수식어 뒤에서 끊는다.
   예 비록/ 어려움이 닥쳐 오더라도/ 마음만큼은 항상/ 여유가 있어야 합니다.
3. 시간 뒤에서 끊는다.
   예 결전의 시각 9시 30분/ 드디어 다가왔습니다.
4. 장소 뒤에서 끊는다.
   예 올림픽 개최지인 평창 경기장에서/ 생중계하고 있습니다.
5. 나열형에서 끊는다.
   예 현황 조사/ 제품 비교/ 가격 협상/ 계약 체결/ 이것이 전부입니다.
6. 독립어 뒤에서 끊는다.
   예 여러분!/ 반갑습니다.

간혹 발표 연습 중에 발표자의 목소리가 심하게 쉬어 연습을 지속하기 어려운 상황이 발생한다.

성대가 약해 그런 경우가 있지만, 호흡에 문제가 있는 경우도 많다. 노래를 몇 곡 부르거나 조금 크게 소리만 질러도 목소리가 쉽게 쉬는 것은 복식 호흡이 아니라 흉식 호흡을 했기 때문이다. 호흡법으로는 복식 호흡, 흉식 호흡, 쇄골 호흡, 단전 호흡 등을 들 수 있지만, 발표를 할 때 주로 사용하는 것은 복식 호흡과 흉식 호흡이다. 특히, 복식 호흡을 통해 우렁차고 강직한 목소리를 낼 수 있다.

복식 호흡

목소리를 많이 사용하는 가수, 아나운서 배우는 복식 호흡을 터득하기 위해 많은 노력을 한다. 복식 호흡은 배로 숨을 쉬는 것을 말한다. 횡격막 위아래의 움직임으로 폐의 공기 압력이 높아지면서 자연스럽게 성량이 풍부해진다. 어린아이가 잠을 잘 때 숨쉬는 모습을 보면 배가 부풀어 올랐다 가라앉았다 하는데 이때의 호흡이 복식 호흡이다. 배를 부풀려 호흡하면 횡격막이 늘어나 폐의 공기 흡입이 늘어나고 날숨으로 발성해 목소리가 우렁차고 강직한 느낌을 준다.

여기서 잠깐 **복식 호흡 방법**

1. 한 손은 가슴 위, 다른 한 손은 배 위에 올려놓는다.
2. 코로 숨을 천천히 들이마시면서 배를 부풀린다.
3. 들이마신 숨보다 2배 정도 더 길게 호흡을 내뱉는다.
4. 배가 푹 꺼질 정도로 숨을 내쉰다.

복식 호흡을 하면 호흡량이 많아지고 배의 근육이 강화돼 목소리를 잘 운용할 수 있다. 긴장돼 목소리가 떨리는 경우에도 복식 호흡을 잘 활용하면 목소리 떨림 현상을 완화시킬 수 있다.

장시간 힘찬 소리를 내기 위해 복식 호흡은 좋은 방법이지만, 몸으로 체득되려면 수개월 이상의 꾸준한 연습이 필요하다. 복식 호흡은 발표를 위해 필요하지만, 다른 호흡법에 비해 흡입하는 공기량이 많아 건강에도 도움이 된다.

흉식 호흡

흉식 호흡은 숨을 들이마실 때 복부 위가 수축되면서 어깨는 올라가고 흉강 쪽이 부풀어 오르게 된다. 가슴을 구성하는 뼈인 늑골이 움직이면서 이뤄지는 호흡으로, 보통 '가슴 호흡'이라고도 한다. 흉식 호흡만으로도 편안하게 소리를 낼 수 있으며 사람들은 흉식 호흡에 익숙하다. 발표할 때 흉식 호흡과 복식 호흡을 적절하게 함께 사용하는 것이 좋으며 흉식 호흡만 사용해 큰 소리를 장시간 내면 성대에 무리가 가고 목이 쉽게 쉰다.

여기서 잠깐 **쇄골 호흡**

쇄골은 빗장뼈로, 가슴 위쪽 좌우에 있는 한 쌍의 뼈를 말한다. 이 부분이 움직이면서 이뤄지는 호흡을 '쇄골 호흡'이라고 한다. 이 호흡은 매우 심한 운동을 한 후 급박한 상황에서 온몸을 헐떡이는 상태의 호흡이다. 주로 호흡을 가다듬으려고 애쓰는 호흡을 말한다. 발표에서는 사용하지 않는 호흡법이다.

발성

발성에서 빠지지 않고 나오는 것이 '공명'이다. 공명되는 소리는 멀리 퍼져나가고 듣기에도 편안하다. 목소리가 공명이 잘되기 위해서는 입 모양을 크게 해야 한다. 입 모양을 크게 한다는 것은 성대를 통해 목 구멍에서 울려나오는 소리의 통로를 넓게 확보한다는 것을 의미한다. 그림에서 보는 연구개 공간이 크게 확장될 때 공명이 되는 공간이 가장 많이 확보될 수 있다.

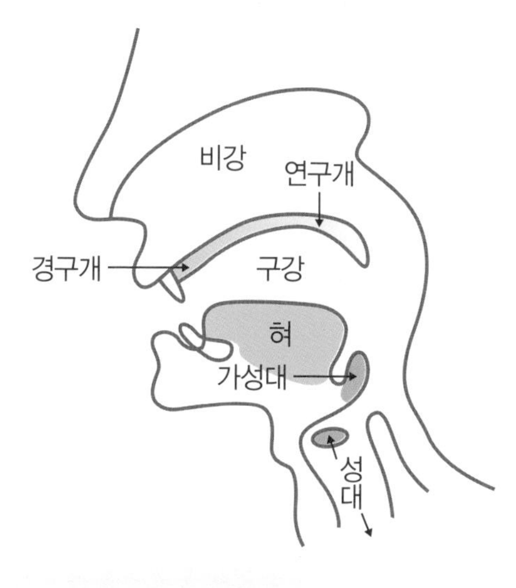

발성과 관련해 중요한 것은 목소리 운용이다. 대부분의 발표자는 목소리가 단조로워 전달력이 떨어지는 것을 걱정한다. 목소리 운용 방법을 몇 가지만 알고 있어도 이를 잘 활용하면 발표에 생동감을 불어넣을 수 있어 몰입도를 높일 수 있다.

여기서 잠깐 **목소리의 전달력을 높이는 요소**

① 크기: 강함과 부드러움을 표현한다.
② 높낮이: 감정의 상태와 강조를 표현한다.
③ 강세: 단어의 의미와 메시지를 강화한다.
④ 쉼: 내용과 흐름을 쉽게 파악하게 한다.
⑤ 빠르기: 박진감과 신중함을 표현한다.
⑥ 장/단음: 단어의 의미를 명확하게 전달한다.

여기서 소개하는 여섯 가지는 누구나 알고 있는 방법이고 강조 방법의 전부이다. 하지만 활용이 잘되지 않는 것은 평소 최소한의 에너지 소비를 통해 경제적으로 말하려는 습성 때문이다. 누구나 아는 강조 방법이지만 자연스럽게 활용하려면 반복 연습을 통해 습관적으로 체득돼야 한다.

높임 강조

강조 기법에서 많이 사용하는 것으로, 중요하다고 생각하는 부분에서 톤을 높이고 힘을 주어 강조하는 기법이다.

예 저는 이번 사업의 중요한 이슈를 제시했습니다.

낮춤 강조

높임 강조와 반대로 중요하다고 생각하는 내용을 톤을 낮춰 약하게 말함으로써 오히려 그 의미가 더 증폭돼 마음에 와 닿게 하는 강조 기법이다.

예 무엇이 옳은 행동인지 고민해야 합니다.

모음 강조

강조하고 싶은 모음을 길게 늘여서 강조한다.

사례 매~우 이례적인 일이었습니다.

멈춤 강조

효과적인 의미 전달을 위해 잠깐 멈추는 강조 방법이다. 음성 표현 중 상당히 세련된 기법이라 할 수 있다. 멈춤을 잘 활용하면 사람들의 귀와 마음을 동시에 사로잡을 수 있다.

사례 집념이 있는 곳에//실천이 있습니다

"때로는 말보다
침묵이 더 강력하다."

버락 오바마

총기 사건 추도사 중 오바마의 51초의 침묵,
국민과 '진한' 감정 소통으로 화제가 되었던 연설

늦춤 강조

강조하고 싶은 부분에서 속도를 늦춰 천천히 또박또박 말함으로써 듣는 이로 하여금 중요하다는 인식을 심어 주는 방법이다.

사례 무엇보다 중요한 것은 마~음~의~평~화~입니다.

장음 강조

장음으로 발음되는 단어들은 정확하게 구분해 장음 발음을 해 줌으로써 듣는 이로 하여금 중요하다는 인식을 심어 주는 방법이다. 아나운서, 배우와 같은 전문가들은 장음을 명확히 구분해 발음한다.

예 눈과 눈:, 말과 말:, 밤과 밤:

제안 발표가 임박하면 단시간 내에 잘 들리고 호감 있는 목소리로 만드는 데 어려움이 있다. 좋은 목소리를 내기 위해서는 평소 꾸준한 연습이 필요하다. 그럼에도 불구하고 목소리의 높낮이가 없고 밋밋한 경우, 하루에 5분이라도 구연 동화를 하듯이 강조 방법을 생각하며 책을 낭독하면 효과를 볼 수 있다. 전달력을 높이는 발성법은 어려워서 힘든 것이 아니라 몸으로 체득할 수 있도록 꾸준히 연습해야 하기 때문에 어려운 것이다. 마치 운동이 좋다는 것을 다 알고 있으면서도 운동을 하지 않는 것과 같은 이치이다.

발음

목소리의 전달력을 높이는 데는 발음도 중요한 요소이다. 하지만 습관적으로 점점 더 편하게 발음하려다 보니 정확하게 발음하지 않는 경향이 커지고 있다. 이는 일상에서 SNS를 많이 사용하고 빨리빨리 문화로 약어와 은어 사용도 증가하고 있으며 정확하게 발음하려는 의식도 약해졌기 때문이다.

여기서 잠깐 **발음을 잘하는 요령**

1. 숨을 들이마신 후에 호흡을 느끼며 말한다.
2. 또박또박 천천히 발음한다.
3. 모음에 따라 입 모양을 제대로 한다.
4. 장단음을 분명하게 발음한다.
5. 'ㄴ, ㄷ, ㄹ, ㅁ, ㅂ' 받침이 있는 단어는 발음이 틀리지 않도록 주의한다.
6. 어미 처리는 짧고 분명하게 하는 것이 좋다.

발음이 명확하지 않으면 전달력도 떨어지지만 말하는 사람의 이미지도 좋게 형성되기 어렵다. 발표자는 호감도를 높이고 내용을 잘 전달하기 위해 정확한 발음을 할 수 있도록 신경 써야 한다.

틀리기 쉬운 발음 사례

영광 → 영강　　최고 → 채고　　뒷 → 딧
한강 → 항강　　끝말 → 끔말　　꿈 → 꿍
선생님 → 선생닝

발표를 할 때 영어 단어 사용을 권장하지는 않지만 어쩔 수 없이 영어 단어를 써야 한다면 발음을 정확하게 해야 한다.

영어 단어 발음의 예

표기	발음
스코프(scope) 프로젝트(project) 프레임워크(framework) 콘택트센터(contact center)	스콥 프로젝 프레임웍 컨택센터

일반적으로 어려운 발음이 아니지만 사람에 따라 유난히 발음이 잘 안 되는 단어가 있다. 만약 발음하기가 어려우면 말을 천천히 하고 입 모양을 크게만 해도 발음이 명확해지고 잘 들린다. 작은 물방울이 큰 강을 만들고 바다를 이루듯이 사소한 것 하나하나에 정성을 들여야 발표가 전체적으로 좋아질 수 있다.

지금까지 목소리를 호흡, 발성, 발음으로 나눠 설명했지만, 목소리는 어느 하나만으로 구성되는 것이 아니다. 발표자의 목소리가 공기를 타고 청중의 귀, 머리 그리고 가슴으로 전달되기 위해서는 호흡, 발성, 발음의 세 가지 요소가 유기적으로 결합해 신념과 확신이 묻어나는 소리로 만들어져야 한다.

Section 04

청중과 연결하는 끈! 아이 콘택트

발표에서 시선 처리가 중요한 이유는 무엇일까? '눈은 마음의 창이다.'라는 말이 있듯이 눈을 통해 마음의 상태를 짐작할 수 있으며 때로는 그 어떤 언어보다 강렬한 메시지를 전달할 수 있기 때문이다. 이와 반대로 눈동자의 움직임이나 시선 처리 모습을 통해 발표자의 불안한 심리 상태나 위축된 마음이 노출되기도 한다.

아이 콘택트는 발표자와 청중에게 중요한 의미가 있다. 가장 큰 의미는 발표자와 청중을 연결해 주는 끈의 역할을 하는 것이다. 발표자는 여러 청중을 대상으로 발표를 하지만, 아이 콘택트를 하는 동안은 일대일로 대화하는 것과 같은 효과가 생겨 청중이 발표자에게 좀 더 집중할 수 있게 된다. 청중이 100명이 넘어도 아이 콘택트를 잘하면 마치 일대일로 대화하듯이 발표를 할 수 있게 된다.

또한 발표자는 아이 콘택트를 통해 여유와 자신감을 보여 줄 수 있다. 발표자가 청중을 바르게 응시하면 발표자는 당당해 보이고 청중은 존중받는다는 느낌을 갖게 된다. 이때 청중이 몇 명 안 되면 어렵지 않게 아이 컨택트를 할 수 있지만 수십 명이 넘어가는 경우에는 효율적인 아이 컨택트 방법을 찾아야 한다. 청중의 좌석 배치도를 고려해 다음 예시처럼 청중을 몇 개의 그룹으로 나누고 그룹별로 돌아가면서 시선 처리를 한다. 나눠진 그룹의 가운데 있는 사람과 아이 컨택트를 하면 그룹 안의 청중은 하나의 시선 처리로 묶이고 그룹 속의 청중과 일대일로 아이 컨택트를 하는 효과가 나타난다.

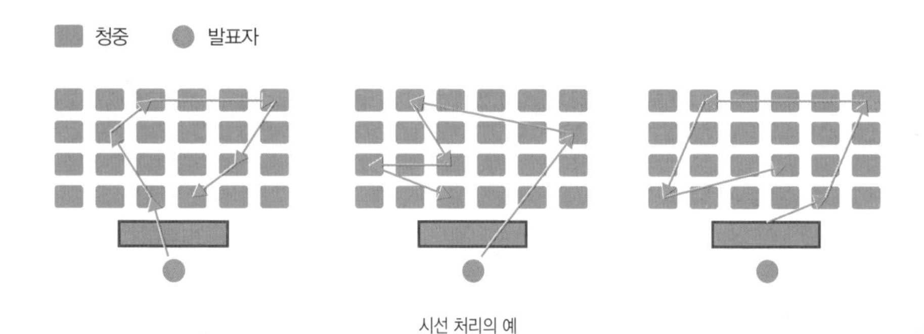

시선 처리의 예

또한 발표자는 아이 콘택트를 통해 여유와 자신감을 보여 줄 수 있다. 발표자가 청중을 바르게 응시하면 발표자는 당당해 보이고 청중은 존중받는다는 느낌을 갖게 된다.

아이 콘택트 요령에 대해 좀 더 살펴보자. 아이 콘택트 훈련을 시작하기 위해서는 먼저 발표 내용을 숙지하고 있어야 한다. 내용을 숙지하고 있지 않으면 발표할 내용에 대한 생각 때문에 아이 콘택트에 신경 쓸 겨를이 없기 때문이다.

발표자가 청중을 응시하는 비율이 15% 미만이면 발표가 미숙해 보이고 이와 반대로 85% 이상이면 자신감을 느낄 수 있다고 한다. 하지만 발표 경험이 많지 않은 경우, 아이 콘택트를 많이 하려고 욕심 낼 필요는 없다. 오히려 발표 자료(스크린)를 보고 설명하다가 문장이 끝나는 순간에 잠깐 청중과 아이 콘택트를 해도 크게 어색하지 않다. 청중과 시선 맞추는 것이 부담스러운 경우에는 발표자에게 적극적으로 호응해 주는 청중을 중심으로 아이 콘택트를 하는 것이 긴장감 완화에 도움이 된다.

모든 사물은 자기의 위치가 있듯이 시선 처리에도 기본적인 위치가 있다. 특별한 의도가 없다면 발표자는 청중과 발표 자료(스크린)만 바라봐야 한다. 발표 자료를 응시할 때도 청중에서 시작해 청중으로 끝나야 한다. 청중이나 발표 자료가 아닌 다른 곳을 응시하면 발표자가 다른 생각을 하는 것처럼 보여 집중력이 떨어지게 된다.

여기서 잠깐 **잘못된 시선 처리의 예**

- 의미 없이 천장이나 창가를 본다.
- 청중과 눈을 맞추지 않고 원고만 보고 읽는다.
- 발표 자료에 시선을 주지 않고 청중만 바라본다.
- 시선을 몇 사람에게만 고정시킨다.
- 시선을 급격하게 변화시키거나 눈동자가 많이 흔들린다.
- 자세를 곧바로 세우고 아래로 내려다보듯이 쳐다본다.

사람 간의 시선 이동은 말의 의미 덩어리 사이나 문장과 문장 사이에서 하는 것이 좋다. 하나의 문장은 여러 개의 의미 덩어리로 구성돼 있으며 의미의 덩어리 사이에서 호흡이 일어난다. 시선은 호흡하는 시점을 이용해 이동하는 것이 자연스럽다. 특히, 큰 호흡에서 좀 더 여유를 갖고 시선을 이동하면 내용 전달의 효과가 높아진다. 이때 유의해야 할 점은 눈이나 머리만 돌리는 것이 아니라 몸 전체가 시선의 방향으로 바뀌어져야 한다는 것이다. 예를 들어 오른쪽을 바라봐야 한다면 눈동자나 머리만 움직이는 것이 아니라 몸과 발이 함께 움직여 눈을 마주치는 사람과 몸이 정면으로 바라볼 수 있어야 한다.

아이 콘택트는 발표자의 리더십과 신념을 보여 줄 수 있는 강력한 도구이다. 꾸준히 아이 콘택트 요령을 익혀 시선 처리의 강력한 힘을 느껴 보자.

사람을 살피는 데 눈보다 솔직한 것은 없다.
存乎人者 莫良於眸子(존호인자 막량어모자)

– 맹자

Section 05

발표 공간을 장악하라

패션 스타일이 시대에 따라 바뀌듯이 발표 스타일도 시간이 지남에 따라 변화할까? 한마디로 단정하기는 어렵지만 시간이 흐르면서 발표 스타일은 조금씩 바뀌고 있다. 대표적인 변화로는 예전에 비해 점점 더 자연스러움을 추구하고 있다는 것을 들 수 있다. 초창기 비즈니스 프레젠테이션은 정장을 입고 컨설턴트에 어울릴 법한 다소 딱딱한 분위기에서 진행했지만, 요즘은 캐주얼 스타일의 복장이 늘어나고 발표장은 유연하고 생동감 있는 분위기로 바뀌고 있다. 그중 하나가 발표자의 적극적인 공간 활용이다.

2000년도 초반까지 만하더라도 PT 코치를 할 때는 연단에서 많이 움직이는 것에 대해 별로 탐탁지 않게 여겼지만, 지금은 공간을 적극적으로 활용하고 있다.

공간을 적극적으로 활용하는 것을 의도적이라고 하기보다는 자연스러운 발표로 바뀌면서 이를 위한 하나의 수단으로 활용하고 있는 것이다 발표 연단에서 발표자가 한곳에 머물러 있으면 소심해 보이고 자신감 없는 모습으로 비쳐질 수 있으며 청중은 장시간의 발표에 집중하기 힘들어진다.

생동감 있는 발표를 위해 발표자에게 주어진 공간을 충분히 활용해 보자.

공간을 적극적으로 활용하기 위해서는 사전에 발표장을 점검해야 한다. 발표 연단의 넓이와 발표 자료를 띄우는 스크린의 크기를 확인하고 단상 사용 여부와 청중의 좌석 배치 형태를 점검해야 한다. 이 모두가 발표 공간 활용에 영향을 미치는 요소이다.

연단이 넓으면 발표자의 동선이 길어진다. 큰 공간에서 발표할 때는 좁은 공간에서 발표할 때와 느낌이 많이 다르다. 되도록 발표장과 비슷한 공간에서 연습해야 한다.

공간을 활용한다는 것은 발표 내용의 강조나 발표자의 호흡 조절과 관련돼 있다. 한 문장이 끝나면 공간을 이동하면서 화제를 전환하고 자신감과 여유를 표출할 수 있고 자연스러운 공간 이동을 통해 전달하고자 하는 메시지를 크게 부각시킬 수도 있다. 자료 화면이 큰 경우 화면 안으로 들어가 해당 부분을 손으로 가리키며 설명하면 발표의 역동성을 느낄 수 있다. 공간이 좁은 경우라도 한곳에 서 있지 말고 되도록 공간을 적극적으로 활용하는 것이 좋다.

공간 활용시 주의해야 할 점은 다음과 같다.

여기서 잠깐 **공간 활용 시 주의해야 할 점**

- 인사하기 위해 앞으로 나올 때는 완전히 멈춘 후에 인사말을 한다.
- 장이 바뀔 때 좌에서 우 또는 우에서 좌로 이동할 수 있다.
- 의미 없이 빈번하게 앞으로 왔다갔다하지 않으며, 서 있을 때는 하체가 흔들리지 않도록 고정한다.
- 반복적으로 동일하게 움직이는 것은 불안해 보일 수 있으므로 주의해야 한다.

공간 활용의 원칙은 '자연스러움'이다. 발표 내용에 집중할 수 있도록 자연스럽게 공간을 이동한다면 문제될 것이 없다. 만약, 공간 이동이 익숙하지 않은 사람이라면 사전에 충분히 연습하고 리허설을 통해 주변 사람에게 자연스러운지를 점검받아야 한다.

적극적인 공간 활용은 발표자의 긴장감을 줄여 주고 청중에게는 발표에 대한 집중력을 향상시켜 주는 효과가 있다. 적극적인 공간 활용으로 발표장을 장악하자.

더 알아보기

무대 활용 예시

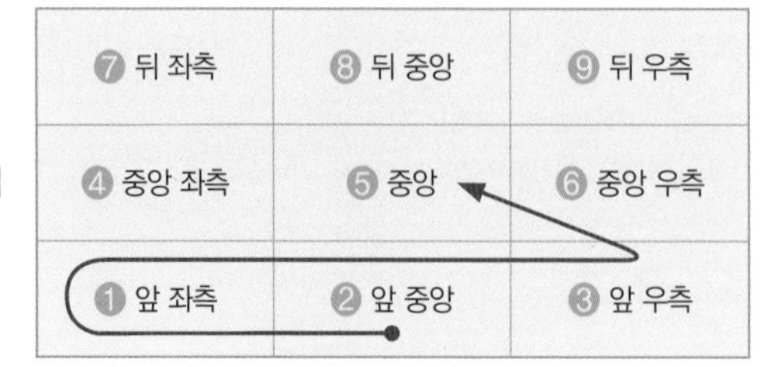

- 강조의 순서는 ②, ①, ③, ⑤
- 무대의 중앙일수록 강조
- 청중과의 거리가 가까울수록 강조
- 청중의 시각에서 오른쪽보다 왼쪽이 강조

Section 06

몸짓 언어는 말보다 강력하다

말 = 귀로 듣는 언어
제스처 = 눈으로 보는 언어

말은 '귀로 듣는 언어'이고 제스처는 '눈으로 보는 언어'라고 할 수 있다. 발표자는 제스처를 통해 다양한 의사 표현을 할 수 있다. 때로는 말보다 몸짓 언어가 더 강력하고 솔직하다. 예를 들어 발표자가 아무리 떨고 있지 않다고 말해도 손이나 몸이 떨고 있는 것은 숨길 수 없으며 발표자의 얼굴이나 자세에서 긴장하고 있는 모습이 감지되면 청중은 말보다 몸짓 언어를 더 많이 신뢰하게 된다.

몸짓 언어는 시선, 손짓, 자세, 말투와 같이 말이 아닌 몸의 모든 표현을 말한다. 몸짓 언어는 발표의 전달력을 높이기 위해 신경 써야 할 또 하나의 중요한 요소이다.

발표에서 제스처를 사용하는 것은 길을 걸을 때 양팔을 흔드는 것에 비유할 수 있다. 팔을 흔들면서 길을 걸으면 근육의 긴장감이 완화되고 균형 감각이 높아져 안정적으로 앞으로 나아갈 수 있게 되듯이 발표에서 제스처는 긴장감을 완화시켜 주고 내용 전달의 효과를 극대화해 준다.

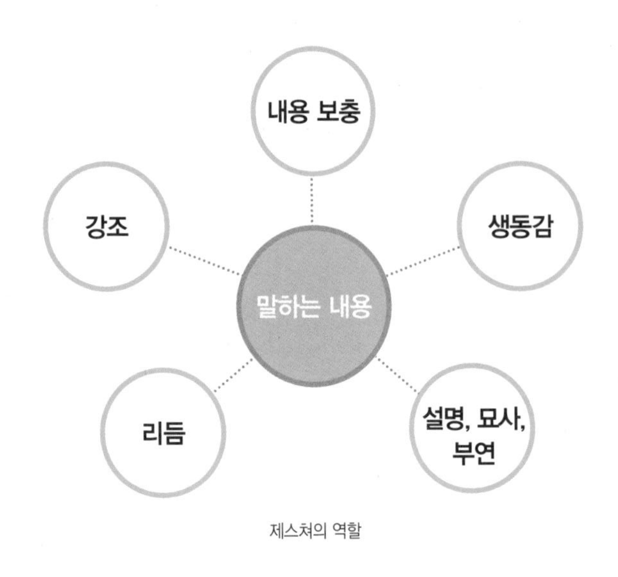

제스처의 역할

발표는 발표장을 들어가면서부터 시작된다. 발표에 앞서 경직된 자세로 있을 필요는 없지만 차분하고 바른자세로 대기하는 것이 좋다. 발표가 시작되면 어깨를 펴고 천천히 발표장으로 걸어 나간다. 연단 위에서는 바른자세로 서서 청중을 바라본 후 2~3초의 여유를 갖고 발표를 시작하는 것이 좋다. 연단에 서자마자 발표를 시작하면 호흡이 불안정해질 수 있으므로 주의해야 한다.

제스처의 기본은 자연스러움이다. 자연스러움이 결여된 의도적인 몸짓은 발표의 수준을 떨어뜨리고 발표 내용에 집중할 수 없게 만든다. 평소 쓰지 않던 제스처를 의도적으로 사용할 때는 사전에 충분한 연습이 필요하며 주변 사람의 도움을 받거나 동영상 촬영을 통해 제스처가 자연스러운지 확인한다. 제스처에 익숙하지 않은 사람이라면 다음 요령에 따라 자연스럽게 제스처를 구사해 보자.

여기서 잠깐 **몸짓 언어 요령**

- 사람들이 볼 수 있도록 동작을 분명하고 크게 한다.
- 제스처는 끝까지 명확하게 한다.
- 청중이 젊은층인 경우에는 제스처를 활발하게 하고, 나이가 많은 경우에는 제스처의 빈도를 줄이고 차분하게 동작한다.
- 손짓은 말이 나오는 것과 동시에 나와야 하며 말보다 손짓이 늦어서는 안 된다.
- 청중에게 등을 보이지 않고 빔 프로젝트가 발표자의 얼굴이나 몸에 비치지 않도록 한다.
- 단순한 몸짓을 반복적으로 지속하지 않는다.
- 어깨와 몸통까지 움직여 제스처를 만든다.
- 주먹을 쥐거나 펴고 손바닥과 손목을 활용하며, 발표 내용과 어울리는 다양한 조합으로 동작한다.

몸에 익숙하지 않은 제스처는 처음에는 거북하고 어색할 수 있지만, 일단 몸에 익숙해지면 언제든지 활용할 수 있게 된다. 제스처를 잘 활용하는 사람은 그렇지 못한 사람보다 표현력이나 전달력에 있어서 강력한 무기를 하나 더 사용하고 있는 것이다. 발표의 경쟁력을 갖추기 위해 제스처는 포기할 수 없는 요소이다.

Section 07

영상 매체는 가장 좋은 스승

자신의 수준을 파악하는 것은 쉬운 일이 아니다. 전문가처럼 발표하기 위해서는 먼저 자신의 수준을 정확히 진단해야 한다. 발표의 수준을 파악하기 좋은 방법 중 하나는 자신이 발표하는 모습을 영상 매체로 녹화하고 이를 모니터링하는 것이다. 스마트폰이 보급되기 이전에도 캠코더로 촬영해 모니터링했지만, 장비가 고가이고 스마트폰보다 녹화 작업이 번거로워 큰 마음을 먹어야만 가능했다. 하지만 지금은 스마트폰을 활용해 누구나 쉽게 자신의 발표 모습을 녹화할 수 있게 됐다. 발표 모습을 촬영해 다시 보는 것은 발표 코치에서 즐겨 활용하는 방식이다. 영상 매체를 활용한 점검은 발표 내용, 시선 처리, 제스처, 목소리, 자세와 같은 모든 부문을 종합적으로 점검할 수 있는 장점이 있다.

자신의 발표 모습을 보는 것은 유쾌한 일이 아니다. 다듬어지지 않은 연습 과정의 모습은 더더욱 그러하다. 발표의 흐름, 목소리, 제스처는 발표자를 의기소침하게 만들지 모른다. 그러나 연습 과정은 누구나 거쳐야 하며 완성되지 않는 모습은 서툴 수밖에 없다는 것을 당연하게 받아들여야 한다.

영상 매체를 통해 자신의 발표 모습을 관찰하다 보면 한 가지 새로운 사실을 알게 된다. 발표를 잘했다고 생각한 것이 생각과 달리 어색하고 어색하다고 생각한 것이 오히려 문제 없이 잘 흘러가기도 한다. 가장 대표적인 예가 '제스처'이다. 제스처를 잘했다고 생각했는데 생각보다 동작이 작아 자신이 없어 보이고, 동작이 커서 어색하다고 생각했는데 오히려 멋져 보인다. 이렇게 영상 매체를 잘 활용하면 발표자의 모습을 청중의 입장에서 객관적으로 바라볼 수 있게 해 준다. 영상 매체를 활용한 연습은 다른 사람의 도움 없이 발표의 감각을 높일 수 있는 가장 효과적인 방법이다. 발표 연습에 영상 매체를 적극적으로 활용하기를 추천한다.

Section 08

웃음!
마음의 문을 여는 열쇠

웃어라. 온 세상이 너와 함께 웃을 것이다.
울어라. 너 혼자만 울게 될 것이다.

– 엘라 휠러 윌콕스(Ella Wheeler Wilcox)

소문만복래(笑門萬福來)

– 고사성어

지금까지 발표 연습에 대한 요령을 살펴봤다. 마지막으로 밝은 표정에 대해 설명하고자 한다. 밝은 표정을 짓는 것은 간단한 일이지만, 발표할 때 밝은 표정을 유지하는 것은 생각보다 어렵다. 긴장하면 얼굴의 근육이 굳어지고 딱딱해져서 얼굴 표정이 경직되기 쉽기 때문이다. 발표에서 웃는 표정이 중요한 이유는 무엇일까?

웃음과 관련된 좋은 이야기들은 많다.

"웃으면 복이 온다."

"웃음은 만병통치약이다."

웃으면 정말 복이 오는지는 정확히 알 수 없지만, 발표자의 밝은 표정은 발표장의 분위기를 좋게 만드는 것은 확실하다. 발표자의 밝은 표정은 크게 세 가지 효과가 있다.

첫째, 밝은 표정은 감정이입 효과가 있다. 기분 좋게 웃는 표정이나 밝은 미소는 발표를 보는 사람에게도 전달된다. 밝은 미소는 이성적이고 비평적인 평가자의 마음을 녹이고 경계심을 허물어뜨리는 효과로 나타난다.

둘째, 밝은 표정은 마인드 컨트롤 효과가 있다. 밝은 미소는 발표자의 기분을 좋게 만들고 긴장감을 풀어 주는 효과가 있다.

셋째, 호감도를 높이는 효과가 있다. 밝은 표정은 발표자에 대한 이미지를 좋게 만들고 호감을 갖게 한다. 호감도가 높아지면 실수에 관대해지고 잘하는 것에 대해서는 더 좋은 평가를 하게 된다. 이렇게 밝은 미소가 지닌 장점이 많다면 굳이 밝은 미소를 짓지 않을 이유가 없으련만 발표장에서 밝은 미소를 짓는 발표자는 의외로 많지 않다. 발표자의 밝은 미소, 밝은 표정은 여유와 자신감의 표시이다.

발표장에서의 밝은 표정은 갑자기 만들어지는 것이 아니라 평소 많이 웃는 연습을 통해 체득되는 것이다. 웃을 일이 있어서 웃는 것이 아니라 웃다 보니 생활이 즐거워지는 것처럼 의도적으로 많이 웃다 보면 발표에 도움이 될 뿐 아니라 일상생활에서 활력이 생기는 부수적인 소득을 얻게 될 것이다. 평소의 잘 웃지 않는 발표자라면 밝은 표정을 짓기 위해 더 많은 노력이 필요하다. 밝은 미소는 희망이자 긍정의 에너지이다. 긍정의 에너지가 넘칠 때 자연스럽게 발표의 자신감도 커지게 된다.

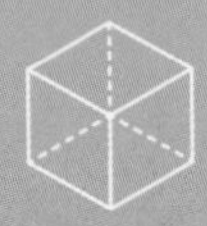

PRESENTATIO

창과 방패의 대결, 질의응답 시간

경쟁 PT는 발표와 질의응답 시간으로 나뉘어 진행된다. 질의응답은 경쟁 PT의 연장선에 있을 뿐 아니라 제안 평가에 많은 영향을 미치지만 발표자는 발표 준비에 많은 공을 들이다 보니 질의응답에 대한 준비를 소홀히 하는 경향이 있다. 평가자는 발표와 질의응답을 참조해 평가하므로 한 가지라도 소홀히 해서는 안 되지만 굳이 경중을 따진다면 질의응답 시간이 평가에 더 큰 영향을 미친다. 질의응답 시간에서는 발표자의 역량이 쉽게 드러나기 때문이다. 발표가 부족하더라도 질의응답 시간을 잘 활용하면 전세를 역전시킬 수 있다. 이와 반대로 질의응답 시간에 제대로 대처하지 못하면 그동안의 노력이 헛수고가 된다. 질의응답은 창과 방패의 대결과 같아서 평가위원의 예리한 질문을 방어할 수 있는 튼튼한 방패를 준비해야 한다. 발표장에서의 평가위원은 발표자에게 우호적이지 않다. 상황에 따라 공격적으로 질문하는 경우도 있다. 발표자는 발표를 마친 후 안도의 시간을 갖기도 전에 답변하기 까다로운 질문 세례를 받게 된다. 발표 경험이 적거나 질의응답 준비를 소홀히한 경우, 발표자의 머릿속이 백지 상태로 바뀔 수도 있다.

발표와 질의응답에서 필요한 역량은 서로 다르다. 발표는 원고만 숙지하고 반복 연습을 하면 무난하게 마칠 수 있다. 발표 내용이 오로지 한 방향으로만 전달되기 때문에 중간에 돌발 변수가 발생할 가능성은 거의 없다. 하지만 질의응답은 발표와 달리 발표자와 평가위원 간 의견 교환이 이뤄지는 양방향 커뮤니케이션이므로 질의응답을 잘하기 위해서는 폭넓은 지식이 있어야 하고 내용을 즉흥적으로 조리 있게 설명할 수 있어야 한다.

질의응답에 자신이 없다면 발표를 준비하는 것보다 더 철저하게 준비하고 연습해야 한다. 발표자가 질의응답에 자신이 없다면 단시간의 준비로 질의응답 시간에 잘 대처할 수 있을까? 발표자의 지식 수준에 따라 차이가 있을 수 있지만 몇 가지 질의응답 요령을 숙지하면 질의응답에 효과적으로 대응할 수 있다.

질의응답 시간은 사업의 특성에 따라 짧게는 10분에서 길게는 1시간이 넘게 진행되기도 한다. 질문은 제안과 관련된 내용이지만, 사업의 특성과 평가자의 성향에 따라 다양한 형태의 질문이 나올 수 있고 개인별 관심 분야와 전문성에 따라 평가자의 질문 수준은 다를 수 있다.

질의응답 시간에 좋은 평가를 받기 위해서는 참석하는 평가위원이 누구인지 파악하고 답변 요령을 숙지해 집중 훈련을 해야 한다. 이 책에서 소개하는 질의응답 가이드는 제안 현장에서 활용하고 있는 방법으로, 단시간 내에 질의응답 능력을 향상시키는 효과가 있다.

"아직도 저에게는 전세를 역전시킬
질의응답 시간 12분이 남아 있사옵니다."

Section 01

질의응답에 보조 자료를 활용하라

질의응답을 잘하기 위해서는 기본적으로 발표하는 내용에 대한 폭넓은 지식이 있어야 한다. 시간이 많다면 모두 숙지할 수 있지만, 문제는 한정된 시간이다. 할 일이 많은 발표자가 내용을 모두 숙지하기 어렵고 투입 인력이나 장비의 세부사항을 기억하는 것은 더더욱 어렵다. 이를 해결하는 방법 중 하나는 보조 자료를 이용하는 것이다.

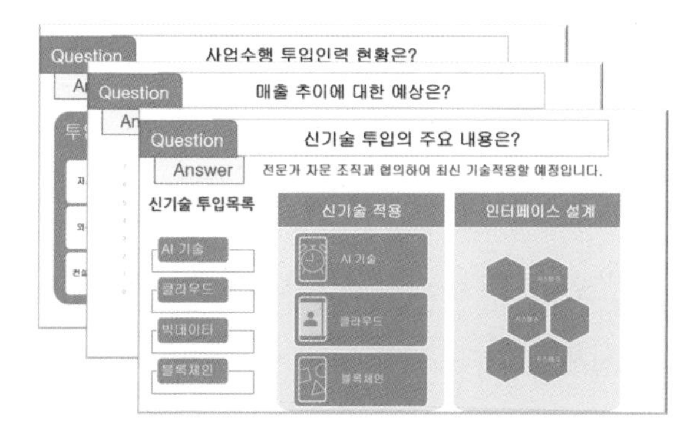

답변을 위한 보조 자료의 예시

질의응답 시간에 보조 자료를 활용하는 것은 발표자가 편안하고 명확하게 답변할 수 있도록 도와주며 평가자에게는 정성껏 준비했다는 인상을 줄 수 있다.

보조 자료 준비 절차

1. 부문별로 예상 질문과 답변을 정리한다.
    - 제안 팀원과 나눠 작업
    - 엑셀 파일이나 워드 문서 등 편리한 방식으로 작성
2. 가능성 높은 예상 질문을 선정한다.
    - 제안 팀원과 검토 회의
    - 숙지하기 어렵고 중요한 내용을 중심으로 선정(20개 내외)
3. 선정한 예상 질문의 보조 자료를 만든다.
    - 단편적이 아닌 종합적인 내용으로 작성
4. 보조 자료의 내용과 페이지 목록을 정리한다.
    - 해당 페이지로 분기 시에 참조

보조 자료를 준비할 때 주의해야 할 점은 다음과 같다.

첫째, 너무 많은 자료를 만들지 않는다. 많은 자료는 관리하기 어렵고 활용하기도 어렵다. 사업 규모가 크지 않으면 20페이지 미만으로 작성하는 것이 좋다.

둘째, 보조 자료는 종합적인 내용을 담아 작성한다. 하나의 주제에 대해서도 다양한 질문이 나올 수 있으므로 보조 자료는 되도록 종합적인 관점에서 작성해야 한다. 예를 들어 인력과 관련한 보조 자료를 만든다면 '인력 현황'이라는 제목으로 관련 내용을 모두 작성하고 인력

부문에서 질문이 나오면 '인력 현황'이라는 보조 자료를 띄워 놓고 답변한다.

셋째, 해당 질문이 나왔을 때 보조 자료를 화면에 쉽게 띄울 수 있어야 한다. 발표자는 질의응답에 집중하고 보조 자료를 관리해 주는 별도의 오퍼레이터를 활용하는 것도 좋은 방법이다.

이 밖에 보조 자료를 활용하는 방법으로는 메모장을 들 수 있다. 보조 자료를 준비하기 어려운 상황이라면 메모장을 활용해 답변하는 것도 가능하다. 발표가 끝나면 미리 준비해 놓은 메모장과 필기구를 들고 질의응답을 시작한다. 이때 숙지하기 어려운 내용은 메모장 뒤에 적어 놓고 참조하면서 답변한다.

평가자가 질문하면 메모장에 질문 내용을 요약하고 미리 메모장에 적어 놓은 내용을 참조해 답변할 수도 있으므로 일석이조의 효과가 있다. 내용 숙지가 부족하더라도 보조 자료를 잘 활용하면 어려운 질문에도 잘 대응할 수 있다.

Section 02

질문은 끝까지 성의 있게 들어라

질의응답 시간에 간혹 질문의 요지와는 다른 엉뚱한 답변을 하는 경우가 있다. 이러한 사태가 벌어지는 데는 몇 가지 이유가 있다.

첫째, 긴장을 하기 때문이다. 답변을 잘하겠다는 일념으로 질문에 집중하면서 어떻게 답변해야 할지를 함께 생각하는 것이다. 그나마 두괄식 질문이라면 괜찮을 수 있지만, 문제는 질문이 두괄식이 아니라는 것이다. 질문 내용은 주변 이야기로 시작하지만, 발표자는 질문이 끝나기도 전에 질문을 단정짓고 어떻게 대답해야 할지를 이미 머릿속으로 구상하기 시작한다.

둘째, 성격이 급하거나 습관적으로 질문을 충실히 듣지 않기 때문이다. 더 심각한 것은 질문하는 중간에 말을 끊고 끼어들어 대답하는 경우이다. 이는 절대 하지 말아야 할 답변 태도이다. 급한 성격은 고치기 어렵겠지만, 질문을 경청하는 것은 연습을 통해 쉽게 개선된다.

올바르게 답변하기 위해서는 질문을 잘 경청하는 것이 첫 번째이다.

질문을 듣는 요령

- 질문 내용에 집중한다.
- 공손한 태도로 질문자의 질문 내용을 경청한다.
- 질문을 듣는 도중 답변을 생각하지 않는다.
- 질문의 중간을 끊지 않는다.
- 질문자의 의도를 파악한다.

질문을 들을 때는 질문자에게 다가가 질문자의 시선을 응시한다. 질문 내용을 정확하게 이해하지 못했다면 다시 확인해야 한다. 질문을 정확히 파악하기 위해 메모장을 준비해 질문 내용을 적는 것이 좋다.

메모는 질문 내용을 명확하게 이해하게 해 주고 좀 더 여유 있게 답변할 수 있도록 도와준다. 특히 2개 이상의 복합적인 질문을 하는 경우, 메모지는 답변자에게 심리적인 안정감을 주고 빠짐없이 답변할 수 있게 해 준다. 질문을 메모한다는 것은 질문 내용을 중요하게 인식하고 있다는 표현이며 더 나아가 성의 있게 답변하겠다는 의지의 표현이다.

Section 03

제안사의 특장점으로 응답하라

발표자와 평가자는 서로 다른 시각으로 경쟁 PT를 바라본다. 평가자의 시각은 제안 내용에 고객 요구사항이 모두 반영됐는지, 어느 제안사가 프로젝트를 성공적으로 수행할 수 있을지에 관심이 집중돼 있다. 반면, 발표자는 제안사의 강점을 부각하고 이를 사업 수주로 연결하기 위해 노력한다. 이러한 노력은 제안 발표 시간뿐 아니라 질의응답 시간에도 계속된다.

질의응답 시간은 발표 시간의 연장으로, 제안사의 강점을 자연스럽게 드러낼 수 있는 기회로 활용해야 한다. 말을 할 때 '찍어다 붙인다.'라는 표현을 종종 쓰는데 이는 '하고 싶은 말을 갖다 붙인다.'라는 뜻으로, 평가위원의 질문에 발표자가 하고 싶은 말을 섞어 답변하는 것을 뜻한다. 이때는 답변 내용과 어울리는 것이어야 한다. 답변 내용과의 연관성이 떨어지면 동문서답하는 것처럼 보일 수 있다. 내용을 잘 알고 있거나 대답하기 쉬운 질문이 나왔을 경우에는 발표자가 강조하고 싶은 말을 섞어 답변한다.

강조하고 싶은 말을 함께 답변하는 예

Q **도입 장비의 선정 기준은 무엇인지요?**

A 이번에 도입되는 것은 통신 장비와 모니터링 장비입니다. 보안성, 안정성, 성능 우수성을 바탕으로 RFP 요건을 모두 충족하는 장비를 선정했습니다.
(하고 싶은 말) 일반 업체들은 가성비가 가장 좋은 A 제품을 선정하지만, 이 사업은 대국민 서비스 사업이라는 것을 감안해 보안 사고가 거의 없는 B 제품을 선정했습니다. B 제품은 세계적으로 가장 우수한 보안 알고리즘을 적용한 유일한 제품으로, 보완성이 우수해 가격은 좀 비싸지만 심사숙고해 제안하게 됐습니다. 이는 저희 회사 제품의 특장점이기도 합니다.

만약, 경쟁사의 약점을 알고 있다면 경쟁사가 취약한 영역을 일반화해 언급할 수 있다. 평가자가 경쟁사의 취약점을 알게 해서 경쟁사의 질의응답 시간에 질문을 유도할 수도 있다. 이때 주의해야 할 점은 제안 측면에서 장단점을 분석해 말할 수 있지만, 경쟁사를 비방하거나 사실과 다르게 과장해서는 안 된다. 이는 도의적으로 문제가 되기도 하지만 평가 점수에도 도움이 되지 않는다.

발표자가 예상치 못한 질문을 받는 경우에는 당황하게 된다. 하지만 예상치 못한 질문을 받더라도 당황하지 말고 유연한 사고로 대응할 수 있어야 한다. 평가자가 A를 묻는다고 해서 반드시 A에 대한 답변을 할 필요는 없다. 상황에 따라서는 A1, A2로 답변할 수 있다. 하나의 관점으로만 바라보면 답변이 궁색해질 수 있고 대답을 하지 못하는 경우도 발생한다. 발표자가 하고 싶은 말로 끌고 가기 위해서는 유연하고 여유 있는 사고가 필요하다.

단점을 보완하는 답변 사례

Q **귀사가 제안하는 ○○솔루션은 시스템의 속도가 타사 제품 대비 많이 느린 것으로 알려져 있습니다. 다른 제품으로 교체할 의향은 없습니까?**

A 예리한 질문이십니다. 이 사업은 대국민 서비스 사업으로, 최우선적으로 고려해야 할 것이 보안이라고 판단하고 있습니다. 저희가 제안하는 ○○솔루션은 동종의 솔루션 중 보안 성능이 가장 우수한 제품입니다. 다른 솔루션의 경우에는 보안에 취약점이 노출돼 있어 부득이하게 ○○솔루션을 선정했다는 점을 말씀드립니다.

질의응답에서 틀린 답변은 없다. 단지 질문에 대한 이유나 근거만으로도 충분하다. 자신감과 신념을 갖고 기회가 있을 때마다 특장점을 강조할 수 있도록 하자.

하고 싶은 말을 하자.

Section 04

질문의 의도를 파악하라

사람의 말과 행동에는 숨어 있는 의도가 있다. 상대방의 의도를 잘 파악할 수 있다면 인생이 편해진다. 연인이나 부부 사이뿐 아니라 조직 사회에서 상대방의 의도를 잘 파악할 수 있다면 대인 관계를 원만하게 유지할 수 있다. 하지만 상대방의 의도를 파악하는 것은 말처럼 쉬운 일은 아니다. 비즈니스상에서 일어나는 협상이나 계약에서는 더 더욱 그러하다.

질의응답으로 돌아와 평가자의 질문에 대해 생각해 보자. 평가자의 질문에도 숨은 의도가 존재한다. 질문에 답하기 전에 발표자의 의도가 무엇인지 파악하는 것이 중요하다. 평가자의 의도를 명확히 파악할 수 있다면 불필요한 에너지 소비가 줄어들게 된다.

질문 의도의 예

1. 정말 몰라서 하는 질문
   - 가장 대응하기 쉬운 유형
   - 질문자가 제대로 이해할 수 있도록 충분히 설명
2. PT의 진행을 방해하고 발표자를 공격하기 위한 질문
   - 질문자가 무례한 경우가 많다.
   - 발표자는 감정적으로 대응해서는 안 된다.
   - 정중하고 빈틈없는 논리로 답변
3. 친밀감이나 호감을 갖고 발표자를 도와주기 위한 질문
   - 하고 싶은 말이나 강조하고 싶은 말로 답변
4. 튀고 싶어서 하는 질문
   - 본인을 돋보이게 하고 싶은 질문
   - 질문자를 높여 주고 칭찬하며 간략하게 답변

질문의 의도를 파악하는 데는 크게 두 가지 방법이 있다.

첫째, 질문 내용을 끝까지 주의 깊게 들어야 한다. 평가자 성향이나 발표장 상황에 따라 질문자의 의도는 다양하지만 질문을 주의 깊게 들어 보면 질문의 의도를 쉽게 알 수 있다.

둘째, 질문자의 표정과 말투를 살펴본다. 얼굴 표정과 말투에는 질문자의 심리 상태가 드러나기 때문에 얼굴 표정과 목소리만 들어봐도 질문자의 심리를 파악할 수 있다.

내·외부 평가자에 따라 또는 평가자 성향에 따라 질문의 의도가 달라지기도 한다. 외부 인사가 평가위원으로 참여하는 경우에는 의무감

으로 질문하는 경우가 있으며 본인의 전문성을 드러내기 위한 질문을 하기도 한다. 이런 경우에는 평가위원의 권위를 인정하는 정중한 말로 답변을 시작하는 것이 좋다.

질문자를 존중하는 표현 예시

- 좋은 질문입니다.
- 정확한 지적입니다.
- 질문해 주셔서 감사합니다.
- 평가위원님께서 충분히 우려하실 수 있는 사항입니다.

공격적인 성향을 띤 질문자도 있다. 이런 경우에는 분위기를 나쁘게 하려고 하거나 잘못을 지적하겠다는 의도로 질문할 수 있다. 발표자에게 부정적인 영향을 미칠 수 있는 환경은 되도록 빨리 벗어나는 것이 좋다. 설명을 길게 하면 핑계처럼 들리기 쉽고 언쟁이 일어날 수 있으므로 되도록 짧게 대답하고 넘어간다.

질문의 의도를 정확히 파악했다면 의도에 맞게 적절하게 대응하면 된다. 질문에 답하기 전에 의도를 파악하는 것이 중요하다.

"생각을 조심해라. 말이 된다.
말을 조심해라. 행동이 된다.
행동을 조심해라. 습관이 된다.
습관을 조심해라. 운명이 된다.
우리는 생각하는 대로 된다."

- 마가릿 대처(Margaret Thatcher)

Section 05

청중과 논쟁하지 말라

논리에 맞지 않은 엉뚱한 말을 들으면 쉽게 흥분하고 화를 내는 사람이 있다. 발표장에서도 가끔 이와 비슷한 일이 벌어진다. 질문자가 발표 내용과 거리가 먼 질문을 하게 되면, 발표자는 직선적으로 잘못된 점을 지적하는 경우가 있다. 제안 발표장에서는 절대로 일어나지 말아야 할 장면이다. 제안 평가위원으로 외부 인사, 경영층, 관리자와 같이 실무 지식이 부족한 사람이 선정되는 경우에는 제안과 관련 없는 질문이 나올 수 있다. 더 나아가 발표 내용을 비난하는 평가자도 있다. 이런 상황은 답변자를 답답하게 하거나 흥분하게 할 수 있지만 절대로 평가자와 논쟁을 해서는 안 된다. 논쟁을 벌이는 것은 발표자에게 이득될 것이 없으며 좋은 평가 점수를 받기도 힘들다. 어떠한 질문을 하더라도 발표자는 흥분을 가라앉히고 질문자를 존중해야 한다.

평가자와 논쟁하지 말라는 것이 평가자가 잘못 알고 있거나 부정적인 시각을 그대로 받아들이라는 의미는 아니다. 잘못 알고 있는 것과 부정적인 시각은 침착하고 정중하게 설명해 바로잡아야 한다.

이번에는 흥분하지 않고 마음을 가라앉히는 방법을 알아보자.

첫째, 답변을 하기 전에 질문한 내용을 요약해 말한다.

"~에 대해 질문해 주셨는데요. 이에 대해 답변드리면 ~"

이와 같이 답변 전에 질문을 요약하면 생각할 시간을 벌 수 있고 흥분된 마음을 가라앉힐 수도 있다. 장황한 질문인 경우, 질문을 간략하게 정리하면 논리적인 느낌을 줄 수 있고 다른 평가자와 질문을 공유하는 효과가 있다.

둘째, 질문을 존중한다는 말로 답변을 시작한다.

"평가위원님이 우려하고 있는 것에 대해서 충분히 이해하고 있습니다."
"예리한 지적입니다. 그래서 저희도 이에 대비해 ~"

질문자를 존중한다는 표현은 답변자의 흥분을 가라앉히고 딱딱한 분위기를 녹이는 효과가 있다. 질문자가 무시당하거나 비난을 받는다는 생각이 들면 공격적으로 바뀔 수 있으므로 평가자와의 논쟁은 반드시 피해야 한다.

Section 06

명백한 오류나 실수는 인정하고 받아들여라

제안 작업은 고객의 다양한 요구사항을 수용해야 하므로 아무리 검토하고 점검해도 생각지 못한 곳에서 실수가 발생하고 오류가 발견된다. 완벽하게 해내고 싶지만, 사람이 하는 일이라 실수는 늘 발생하기 마련이다. 문제는 실수를 어떻게 수습하느냐이다. 실수를 인정하는 것은 쉬운 일은 아니다. 하지만 실수를 숨기려고 하면 일이 더 커진다.

제안 내용에 대한 잘못이나 오류를 지적받았다면 변명하려 하지 말고 인정하는 것이 좋다. 변명을 늘어놓고 방어적으로 대답하려고 하면 오히려 늪에서 헤어나오지 못하게 된다. 잘못된 부분은 시인하고 양해를 구한 후 빨리 화제를 전환하도록 한다.

오류나 실수를 인정하는 문장

- 죄송합니다.
  작성상 오류가 있었습니다.
- 미처 생각하지 못했습니다.
  상세 내용을 검토해 서면으로 보완 설명드리겠습니다.
- 제안을 준비하면서 많은 검토를 했습니다.
  고객의 의사결정이 추가로 필요해 추후 협의를 통해 보완하겠습니다.
- 예리한 지적입니다.
  저희가 보는 견해는 ~
  ~을 감안해 설명 드린 것입니다.
- 지적하신 내용에 대해서는 추후 타당성을 면밀하게 검토해 반영하겠습니다.

평가위원이 공격적으로 지적하더라도 장황하게 변명하지 말고 오류나 실수를 인정하며 빠르게 화제를 전환하는 것이 바람직하다. 하지만 드러나지 않은 잘못이나 오류를 자발적으로 먼저 언급할 필요는 없다. 오류나 실수가 많은 것은 전문성을 떨어뜨리고 신뢰감을 낮추는 요인이 되기 때문이다.

"할 수 있다고 믿는 사람은 그렇게 되고
할 수 없다고 믿는 사람 역시 그렇게 된다."

- 샤를 드 골(*Charles De Gaulle*)

Section 07

어려운 전문 용어를 피하고 고객의 눈높이에 맞춰라

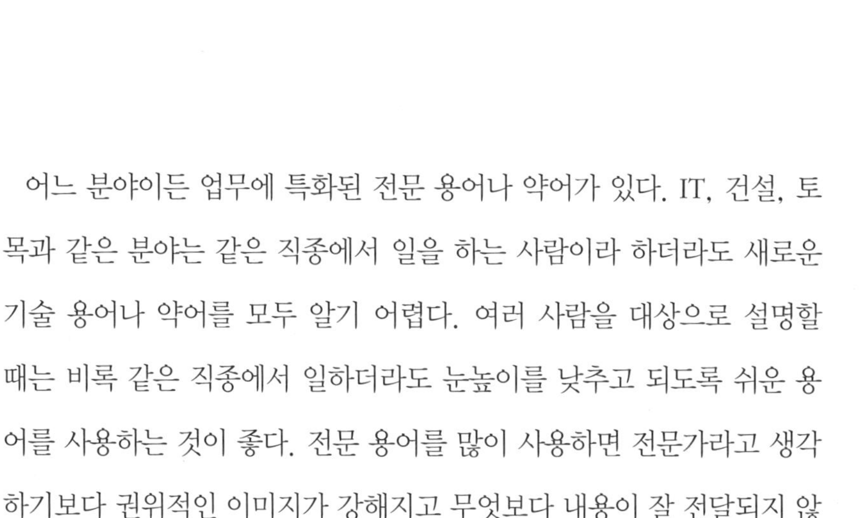

어느 분야이든 업무에 특화된 전문 용어나 약어가 있다. IT, 건설, 토목과 같은 분야는 같은 직종에서 일을 하는 사람이라 하더라도 새로운 기술 용어나 약어를 모두 알기 어렵다. 여러 사람을 대상으로 설명할 때는 비록 같은 직종에서 일하더라도 눈높이를 낮추고 되도록 쉬운 용어를 사용하는 것이 좋다. 전문 용어를 많이 사용하면 전문가라고 생각하기보다 권위적인 이미지가 강해지고 무엇보다 내용이 잘 전달되지 않는다. 그럼에도 불구하고 고객의 눈높이에 맞춰 설명하기 어려운 이유는 고객의 지식 수준을 본인의 기준으로 판단하기 때문이다. 즉, 본인이 알고 있으면 상대방도 알고 있을 것이라고 착각하기 쉽다. 설사 상대방이 잘 알고 있더라도 쉽게 풀어서 설명해 주는 것이 좋다.

어려운 전문 용어나 약어를 사용해야 하는 경우에는 용어 앞에 간단하게 의미를 추가하는 것도 한 가지 방법이다.

"자신을 객관적으로 바라보는 메타 인지 능력이 필요합니다."

"생산 관리 시스템인 MES 구축 방안에 대해 설명하겠습니다."

전문 용어를 자제하라고 해서 고객의 수준을 너무 낮게 평가해서는 안 된다. 제안 평가위원으로 참석하는 사람은 기본적으로 각자 전문 영역이 있으며 특정 부분에 대한 전문 지식만 부족할 뿐이다.

설명의 수준을 너무 낮추면 듣는 사람이 지루해 하고 무시당한다는 느낌을 가질 수 있다. 전문 용어의 사용을 자제하고 쉽게 설명하는 것과 설명의 수준을 낮게 하는 것은 서로 다른 문제이다.

청중이 20명 이상이면 중학교
수준으로 설명해 줘야 해!

Section 08

질의응답 롤 플레이를 하라

질의응답을 잘하기 위해서는 먼저 내용을 알고 있어야 하고 알고 알고 있는 내용을 잘 설명할 수 있어야 한다. 같은 내용을 질문하더라도 어떻게 질문을 하느냐에 따라 답변하는 방식과 내용이 바뀔 수 있기 때문에 임기응변도 필요하다. 질의응답에 효과적으로 대비하는 데는 롤 플레이(Role Play, 상황극)가 효과적이다. 롤 플레이를 위해 사전에 준비해야 할 것은 예상 질문과 답변이다. 질의응답의 보조 자료를 만드는 과정에서 정리한 예상 질문 자료를 롤 플레이에서 활용한다. 질의응답 시의 롤 플레이란, 몇 사람이 평가자의 입장에서 질문을 하면 발표자는 실제 상황과 같이 답변하는 것이다. 본인이 대답하기 어려운 기술적인 질문을 배석자에게 배정하거나 영업적인 질문에 대응하는 방법을 확인하고 그동안 숙지했던 답변 요령을 직접 적용해 보는 훈련이다. 알고 있는 내용이라 하더라도 답변을 해본 것과 해 보지 않은 것은 차이가 크다.

질문에 있어서 잘못된 것은 없다. 엉뚱한 질문을 하더라도 질의응답에 대비하는 측면에서는 도움이 된다. 답변을 하면서 임기응변도 생기고 응용력도 생기기 때문이다. 대부분의 답변은 정답이 없는 경우가 많다. 어떻게 답변을 하든 중요한 것은 논리와 자신감 있는 발표자의 태도이다.

말의 논리에 자신감이 더해지면 발표자가 소신 있어 보이고 답변에 대한 설득력도 높아진다. 하지만 자신감 없는 답변은 답변자의 신뢰성을 떨어뜨린다. 답변할 때 중요한 또 한 가지는 부정적인 답변을 하더라도 직설적인 표현보다 완곡하게 표현하는 것이 좋다는 것이다.

"안 됩니다."
"그렇게 할 수 없습니다."

▼

"어렵습니다"
"그렇게 하면 여러 가지 문제점이 발생할 수 있습니다."

장비 선정을 위해 추가적인 벤치마킹이 필요하지 않나요?

장비 선정을 위해 벤치마킹이 필요하지 않느냐는 질문을 주셨는데, 이것은 사업 범위에 포함되지 않은 부분입니다.
하지만 고객께서 반드시 필요하다고 판단하신다면 현장에 복귀하여 담당자와 협의하고 서면으로 답변 드리겠습니다.

부정적인 답변을 직설적으로 표현하면 질문자가 상처를 받을 수 있고 공격적으로 바뀔 수도 있다. 부정적인 의사도 완곡하게 표현하고 상황에 따라 긍정의 메시지를 남길 필요도 있다.

지금까지 질의응답 요령에 대해 설명했지만, 롤 플레이를 통한 숙달 과정이 필요하다. 특히, 질의응답의 대응에 자신이 없는 경우에는 여러 차례 롤 플레이를 하는 것이 좋다. 롤 플레이는 짧은 시간에 답변 능력을 끌어 올리고 질의응답에 자신감을 키울 수 있는 효과적인 방법이다.

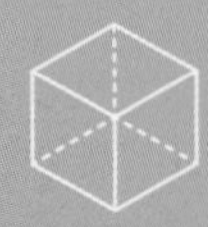

PRESENTATIO

이것만 알면 프레젠테이션 전문가

누구나 연습하면 발표는 어느 정도 할 수 있지만, 잘한다고 인정받기는 어렵다. 더욱이 경쟁 PT는 일반 PT와 달리 잘하는 것만으로 충분하지 않고 상대방보다 더 잘할 수 있어야 한다.

여기서 잠깐 발표를 잘한다는 것에 대해 생각해 보자. 발표를 잘한다는 의미를 정확하게 정의할 수 있다면 잘하는 방법을 찾는 일은 좀 더 쉬울 것이다. 하지만 발표를 잘한다는 것에는 개인의 주관적인 판단도 개입되기 때문에 한마디로 정의하는 것은 어렵다. 다음은 PT 코치 업무를 하면서 발표를 잘한다는 것에 대해 나름대로 얻은 결론이다.

첫째, 발표자가 의도하는 목적을 달성하는 발표이다. 모든 발표에는 의도하는 것이 있다. 발표자가 의도하는 것이 달성됐다면 그 발표는 성공한 발표라고 할 수 있다. 경쟁 PT의 경우에는 더더욱 그러하다. 경쟁 PT의 목적은 사업 수주이다. 아무리 발표자가 만족스럽게 발표를 마쳤다 하더라도 사업을 수주하지 못했다면 그 발표는 실패한 발표이다.

둘째, 청중이 만족하는 발표이다. 발표는 청중을 대상으로 하는 것으로 청중 없는 발표는 있을 수 없다. '좋은 책의 반은 독자가 만든다.'라는 말처럼 잘하는 발표 역시 그 반은 청중이 판단할 몫이다. 청중은 발표자에게 기대하는 것이 있으며 이러한 청중의 기대치를 충족할 수 있어야 잘하는 발표라고 할 수 있다.

연습한 만큼 실수 없이 발표를 마친 것에 만족해 발표를 잘했다고 생각할 수 있지만, 이는 발표자의 관점이다. 발표는 청중의 눈높이에 맞춰져야 한다. 잘하는 발표는 발표자의 입장에서는 발표 목적을 이룬 것이고 청중의 입장에서는 기대했던 것이 충족된 것이다.

그럼 발표를 잘하기 위해서는 어떻게 해야 할까? 발표자가 원하는 목적을 이루기 위해서는 목표점을 명확히 세우고 그 목표점에 도달할 수 있도록 체계적으로 준비해야 하며 청중이 만족하는 발표를 하기 위해서는 청중이 원하는 것이 무엇인지 파악할 수 있어야 한다.

6장에서는 경쟁 PT 코치 시에 강조하는 내용을 14가지로 정리했다. 14가지의 내용 중 일부는 이미 알고 있는 내용일 수도 있고 일부는 생소한 내용일 수도 있지만 중요한 것은 이미 알고 있거나 새롭게 알게 된 것을 발표를 준비할 때 적용하려는 노력이다.

경쟁 PT의 전문가가 되는 것은 쉬우면서도 어려운 일이다. 경쟁 PT 전문가가 되기 위해 알아야 할 것은 그리 복잡하지 않고 어렵지도 않지만, 문제는 경쟁 PT를 준비할 때 이를 적용하는 것은 귀찮고 끈기가 요구되기 때문이다. 제안 수주 사업은 작은 차이로 수주와 실주가 나뉘듯이 발표를 잘하고 못하는 것은 작은 차이에서 시작된다. 하찮은 것이라고 무시하는 것이 많아지면 이런 것이 모여 전체적으로 발표의 완성도가 떨어지게 된다. 이와 반대로 사소한 것 하나라도 소홀히 지나치지 않는다면 이런 것이 모여 발표 전문가를 만든다. 경쟁 PT의 전문가가 되기 위해서는 작은 것도 소홀히 넘기지 말아야 한다.

"왼손잡이는
오른손의 힘이 부족해서가 아니고
미세하게 힘을 조절할 수 있기 때문이다.
작은 차이가 전문가를 만든다!"

Section 01

먼저 PT 기획으로 목적지를 정하라

한때 핀란드를 대표하던 '노키아'는 누구나 잘 알고 있던 세계적인 기업이었다. 노키아는 2000년 초반부터 전 세계 휴대폰 시장을 주도하며 2007년에는 휴대폰 시장의 반 이상을 차지할 정도로 휴대폰 시장을 장악하고 있었다. 노키아는 핀란드 수출액의 20%를 차지하고 증권 시장에서 시가 총액 120조 원이 넘는 거대 기업이었지만, 아쉽게도 2013년도에 마이크로소프트 사에 휴대폰 사업을 7조 원에 매각하면서 휴대폰 사업을 정리해야만 했다. 불과 5~6년 사이에 애플과 삼성전자의 스마트폰 출시로 세계 1등 기업이 망한 것이다. 이에는 여러 가지 원인이 있지만, 가장 큰 원인은 기술의 흐름을 읽지 못했기 때문이다.

방향성을 수립하는 것은 생명체의 DNA와도 같다. 곤충의 유충은 처음에는 비슷하지만 시간이 지남에 따라 장수풍뎅이가 되거나 나비가 되는 것처럼 시간이 지날수록 본연의 모습이 드러난다.

이처럼 제안 발표를 준비할 때도 방향성의 수립이 매우 중요하다. 발표 주제와 발표 일자가 결정되면 급한 마음에 바로 컴퓨터 앞에 앉아 발표 자료를 작성하는 경우가 있지만, 이런 경우 수정 작업이 발생하고 심한 경우에는 처음부터 다시 작업을 해야 하는 사태까지 발생한다.

이러한 문제가 생긴 원인은 발표의 방향이 수립되지 못했기 때문이다. 조급한 마음이 들더라도 발표 자료 작성 전에 PT 기획을 충실히 하는 것이 오히려 발표 준비 시간을 절약하는 방법이다.

PT 기획은 PT의 이정표를 정하는 작업이다. 이정표를 만드는 PT 기획에 충실하지 않으면 중간에 목표점이 수정될 수 있으며 다시 돌아가야 하는 난처한 상황이 발생할 수도 있다.

PT 기획에서 정해야 할 것은 크게 다섯 가지이다.

PT 기획에서 하는 일은...

1. 발표의 핵심 메시지 발굴
   • 자사, 경쟁사, 고객 분석
2. 전달력을 높이는 방안 도출
   • 오프닝, 클로징, 콘셉트 고민(동영상 활용 여부, 시연, 사례 활용 검토)
3. 스토리보드 설계
   • 발표의 흐름 구성(자료별 전달 메시지 정의)
4. 발표 자료 작성 스타일 결정
   • 자료의 밀집도, 발표 자료의 템플릿 등
   • 발표 방향 설정: 공격형, 방어형, RFP 충실형, 정보 전달형 등
5. 일정 계획
   • 자료 작성, 원고 작성, 리허설 일정 수립

첫째, 발표의 핵심 메시지를 발굴한다. 핵심 메시지는 제안의 경쟁력에 대한 다른 표현이며, 핵심 메시지를 발굴한다는 것은 제안의 경쟁력을 찾아내는 것을 의미한다.

경쟁 PT 기획에서는 정보를 수집해 분석하고 이를 통해 핵심 메시지를 선정한다. 제안에 필요한 정보를 수집할 때는 RFP를 기본으로 해야하며 이 밖에 다양한 채널을 활용할 수 있다. 가장 일반적인 데이터 수집 방법은 인터넷을 통해 관련 자료를 검색하는 것이다. 특히, 홈페이지는 고객의 비전이나 경영 방침을 알 수 있는 곳으로, 고객의 현재 이슈를 손쉽게 파악할 수 있어 자료를 수집하는 데 있어서 빼놓지 말아야 할 곳 중 하나이다.

영업 담당자가 있다면 영업 담당자의 의견을 청취해야 하고 영업 담당자와 함께 제안의 경쟁력도 점검해야 한다. 영업 담당자는 고객과의 접점에 있으므로 RFP 외에 고객의 숨겨진 요구사항까지 파악할 수 있기 때문이다.

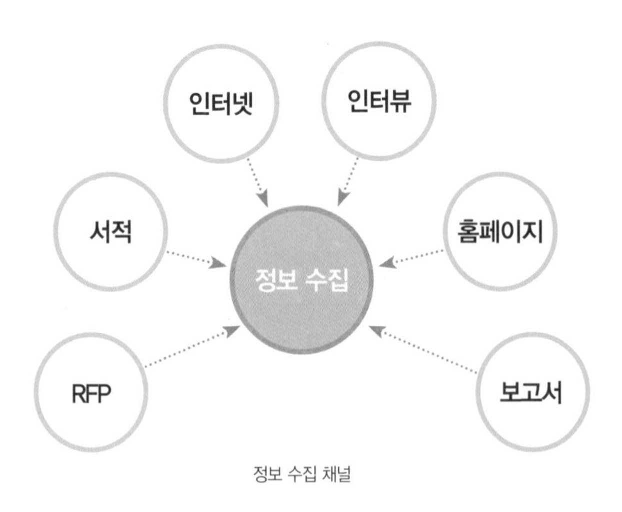

정보 수집 채널

핵심 메시지는 경쟁사보다 잘할 수 있는 내용으로 선정해야 사업을 수주로 연결할 수 있게 된다. 이런 관점에서 보면 핵심 메시지를 발굴하는 것은 많은 분석과 고민이 필요한 어려운 작업이다.

핵심 메시지는 여러 사람의 의견을 청취하고 제안 팀원과의 회의를 통해 선정해야 누구나 납득할 수 있는 핵심 메시지를 선정할 수 있고 발표를 준비하는 과정에서 바뀌지 않는다.

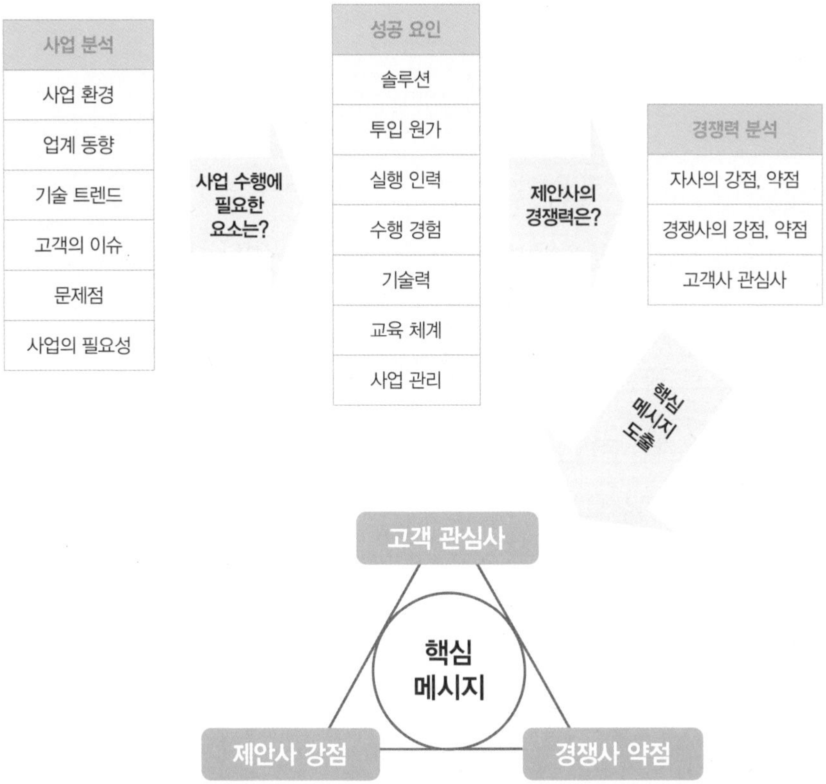

사업 분석
사업 환경
업계 동향
기술 트렌드
고객의 이슈
문제점
사업의 필요성

사업 수행에 필요한 요소는?

성공 요인
솔루션
투입 원가
실행 인력
수행 경험
기술력
교육 체계
사업 관리

제안사의 경쟁력은?

경쟁력 분석
자사의 강점, 약점
경쟁사의 강점, 약점
고객사 관심사

핵심 메시지 도출

고객 관심사
핵심 메시지
제안사 강점
경쟁사 약점

핵심 메시지 도출 과정

둘째, 전달력을 높이는 방안을 고민한다. 전달력을 높이기 위해서는 발표의 시작과 끝은 어떻게 하고 발표에 사용할 콘셉트는 무엇으로 할지 고민해야 한다. 동영상, 제품 시연, 사례 활용 여부를 결정하고 내용과 수행 방식에 대해서 계획을 수립해야 한다. 오프닝(머리말)과 클로징(맺음말)도 기획 단계에서 고민해야 한다. PT 기획 단계에서 발표의 전달력을 높이기 위한 방향과 방식을 정했다면 작성 단계에서는 내용을 구체화하면 된다.

PT의 전달력을 높이기 위해 콘셉트를 도입하기도 한다. 콘셉트는 PT 기획 단계에서 선정해야 자료를 작성할 때 반영할 수 있다. PT 콘셉트란, 제안사의 특장점이나 메시지를 설명하기 위해 비유(Metaphore)하기 좋은 대상을 선정하는 작업을 말한다. 콘셉트를 잘 선정하면 전달 내용을 쉽게 설명하고 세련된 발표를 할 수 있다. 도출된 콘셉트는 오프닝(머리말)과 클로징(맺음말)에서 활용할 수 있고 발표 도중에 비유의 대상으로 활용할 수도 있다. 콘셉트의 예로는 '소방수', '얼음조각(Iceburg)', '오케스트라', '명작(Masterpiece)', '혁신(Innovation)' 등을 들 수 있다. 선정된 콘셉트는 갖고 있는 이미지나 특성을 PT 시작에서 끝까지 설명할 때 활용할 수 있다. 이때 주의해야 할 점은 좋은 콘셉트가 떠오르지 않는다면 굳이 PT 콘셉트를 만들 필요는 없다. 콘셉트를 어설프게 사용하면 부자연스럽고 전달력을 떨어뜨리는 요인이 될 수 있기 때문이다.

콘셉트 적용 사례

비유 대상	의미	차용
소방수	화재를 예방하고 진화해 재난으로부터 보호한다.	우리가 고객의 시스템을 안정되게 운영하겠다.
얼음조각	물에 떠 있는 얼음조각은 수면 속에 가려진 것이 훨씬 크다.	우리는 보이지 않는 곳까지 살피겠다.
오케스트라	다양한 악기의 협연이 필요하다.	다양한 업체와 협업하겠다.
명작	세상에 길이 남은 훌륭한 작품	사업의 완성도를 높이겠다.
혁신	개선이 아니라 새롭게 바꾼다.	기존 방식을 개선하는 것이 아니고 원점에서 새롭게 만들겠다.

셋째, 스토리보드를 작성한다. 스토리보드 작성이란, 발표 내용을 어떻게 구성하고 시간은 어떻게 안배해야 할 것인지를 설계하는 것이다. 스토리보드 작성은 엑셀 파일, 파워포인트와 같이 익숙한 프로그램을 선택해 작성하면 된다. 스토리보드와 관련해서는 6-5에서 좀 더 자세히 살펴본다.

넷째, 발표 자료의 스타일을 결정한다. 발표 자료의 템플릿과 사용할 폰트를 정하고 작성할 자료의 글자 밀집도는 어느 정도로 할 것인지 결정한다. 공동 작업을 위해 필요한 사항을 확정하고 작업할 사람들과 공유하기 위한 내용이다.

다섯째, 일정 계획을 수립한다. 일정 계획을 수립할 때는 발표 자료 작성과 발표 연습 일자가 수립돼야 하고 리허설과 질의응답 준비 일정도 포함돼야 한다.

제안 작업은 후반으로 갈수록 마음이 조급해지고 예상치 못한 일이 발생할 수 있으므로 제안 초기에 업무 강도를 높이고 후반에는 여유 있는 일정으로 수립하는 것이 좋다.

경쟁 PT는 제안 팀원과 함께 준비하는 작업이다. PT 기획 역시 제안 팀원과 함께 고민해서 확정하고 확정된 내용은 공유해야 제안 팀이 한 방향으로 갈 수 있게 된다.

특히 경쟁 PT의 경우에는 서로 다른 견해를 갖고 있는 이해관계자가 많기 때문에 수립된 PT 기획은 이해관계자가 한자리에 모여 함께 검토하고 최종 확정하는 작업이 필요하다. 이러한 과정을 통해 PT 기획의 완성도가 높아지고 제안을 준비하는 도중에 의도치 않게 자료가 수정되는 불상사를 예방할 수 있다.

Section 02

아는 만큼 보인다! 공부하고 활용하라

유홍준 교수의 『나의 문화유산답사기』에 나오는 '아는 만큼 보인다.'는 말은 누구나 쉽게 공감하는 말이다. 알지 못하면 보지 못하고 애정을 갖기도 어렵다.

사람들은 자기가 아는 만큼 보게 되고 아는 것을 중심으로 생각하고 판단한다. PT(Personal Training)라는 용어가 일반화되지 않은 옛날에는 헬스장 건물에 붙어 있는 '헬스 & PT'라는 간판을 보면서 헬스와 PT(Presentation)의 연관성을 고민한 적이 있었다.

지금 생각하면 웃음이 나올 일이지만, PT(Personal Training)가 잘 알려지지 않았던 시절에는 그리 놀랍지도 않은 일이다. 아마도 금속이나 화학 관련 업무를 했던 사람이라면 PT를 보고 주기율표의 백금(Platinum)을 떠올렸을 것이다.

PM(Project Manager)의 경우, 전공 분야나 담당 업무는 전반적으로 잘 알고 있지만 이를 어떻게 잘 설명하고 이해시킬 것인지에 대해서는 평소 고민과 준비가 필요하다. 이야기를 전개해 나가는 방법은 내용을 알고 있는 것과 별개의 문제이다. 주변에 발표를 잘하는 사람을 관찰해 보자.

청중의 집중력을 어떻게 끌어 올리고 내용은 어떻게 전개하는지를 관찰하다 보면 보이지 않던 것이 보이기 시작한다. 발표를 잘하는 사람은 어휘력이 풍부하고 다양한 이야기 사례를 갖고 있다. 대부분의 사람들은 이런 능력은 타고나는 것이라 생각하지만 누구나 훈련을 통해서 얻을 수 있는 능력이다. 문제는 열정과 끈기이다.

한 번에 모든 것을 해결할 수는 없다. 마치 영어 공부를 하듯이 꾸준히 인내심을 갖고 노력해야 한다. 풍부한 어휘력과 표현력을 갖추기 위해서는 좋은 비유나 격언, 유머, 사자성어, 시, 에피소드와 같이 활용 가능한 것을 메모하고 적용해 보는 작업이 필요하다. 같은 내용이라도 말하는 상황과 분위기에 따라 느낌이 달라진다. 특히, 유머는 여러 번 시도해 검증 절차를 걸친 후에 사용해야 한다. 유머는 효과가 크지만 실패하면 분위기를 망치고 발표자를 당황하게 하기 때문이다.

발표자들이 활용하는 말 재료로는 영화 속 대화나 명언, 권위 있는 사람의 어록, 시 등을 들 수 있다. 개인별 성향에 따라 선호하는 비유가 차이는 있겠지만, 하나씩 메모하고 활용하다 보면 점점 표현력도 풍부해지고 다양한 요소의 말 재료가 창고에 쌓이게 된다.

메모장 예시

태백 검룡소(명승 제73호)

강원도 태백시 창죽동의 금대봉 기슭에 있으며 한강의 발원지로 알려진 곳이다. '소'라는 이름은 물이 솟아 나오는 굴 속에 검룡이 살고 있다고 해서 붙여졌다. 정선의 골지천과 조양강, 영월의 동강을 거쳐 단양 · 충주 · 여주, 경기도 양수리를 거쳐 한강으로 흐른다.

→ 작은 시작이지만 큰 결과를 이룬다는 의미로 활용 가능('6.3. 오프닝과 클로징에 집중하라'에서 적용 사례 소개)

水流元在海(수류원재해)
月落不離天(월락불이천)

물은 흘러가도 본디 바다 안에 있고
달은 져도 하늘을 떠나 있지 않다. - 노자(老子)

→ '헤어질 때 우리는 멀리 있지 않다.'라는 의미로 활용 가능

나는 날마다 연습한다.
하루라도 연습을 안 하면 나 자신이 그것을 안다.
이틀을 안 하면 비평가들이 알고 사흘을 안 하면 청중이 안다.
- 블라디미르 호로비츠(피아니스트)

→ 연습의 중요성을 강조할 때 활용 가능

발표를 한 번하고 끝낼 것이 아니라면 말 재료를 창고에 채우는 작업을 꾸준히 해야 한다. 또한 창고에 쌓인 것이 보물이 되기 위해서는 기회가 될 때마다 활용해 익숙하게 만드는 작업을 해야 한다.

말 재료가 창고에 많이 쌓이면 발표뿐 아니라 즉흥 스피치와 같이 다양한 형태의 발표를 멋지게 해낼 수 있다. 알고 있는 만큼 좋은 아이디어가 떠오르고 더 많이 보이게 된다.

Section 03

오프닝과 클로징에 집중하라

오프닝은 '머리말', 클로징은 '맺음말'이다. 오프닝은 도입부의 한 부분, 클로징은 결론의 한 부분이라 말할 수 있지만, 오프닝과 클로징을 굳이 별도의 단계로 구분한 이유는 발표에서 차지하는 오프닝과 클로징의 역할이 강력하기 때문이다. 다시 말해 오프닝과 클로징을 잘하기만 해도 발표의 완성도가 높아진다.

오프닝

오프닝(Opening)은 청중과 발표자가 처음 만나는 순간으로, 첫 인상이 결정되는 시점이다. 발표자에게는 청중이 어떤 성향을 갖고 있는지, 발표 내용이 잘 전달될 수 있는지를 가늠할 수 있는 시간이고, 청중에게는 발표자에 대한 호기심과 기대감을 확인할 수 있는 순간이다.

따라서 발표자가 오프닝에서 해야 할 일은 청중의 경계심을 허물고 마음을 활짝 여는 것이다. 이와 더불어 청중에게 발표자에 대한 기대감을 최대한 끌어 올려야 한다.

하지만 오프닝은 발표자에게는 가장 긴장된 순간이기 때문에 말이 무의식적으로 나올 수 있을 때까지 원고를 작성해 숙지해야 한다. 노래도 첫 소절만 들으면 가수의 실력을 파악할 수 있듯이 도입부만 들어봐도 발표 전체가 어떨지 쉽게 짐작할 수 있다.

오프닝은 생각했던 것 이상으로 파급 효과가 크다.

오프닝 페이지와 관련한 사례를 하나 살펴보자.

긴급하게 PT 코치를 하게 돼 발표 자료를 리뷰하다가 한 장의 이미지가 담긴 오프닝 자료를 작성해 원고와 함께 발표자에게 전달했다. 발표자는 멋진 이미지와 원고에 흡족해 했다. 발표자는 문서 중심의 본문 내용도 핵심 키워드 중심으로 수정했다. 발표 상황에 따라 차이는 있겠지만, 오프닝 자료는 발표 자료의 전체 분위기에 영향을 미치기도 한다. 하지만 청중을 사로잡는 오프닝을 하는 것은 결코 쉬운 일이 아니다.

'오! 오늘 발표 들어 볼 만하겠는 걸'

'발표자의 에너지가 넘치는데!'

이런 반응이 나오면 오프닝은 일단 성공한 것이다.

다음은 몇 가지 오프닝 사례이다.

오프닝의 예 1

보시는 화면은/
태백시 금대봉 산기슭에 있는/ 작은 샘물인데요.//
이 샘물이 수도 서울을 가로지르며/
도도히 흐르고 있는/
한강의 시작점이라고 합니다.//
바로/ 한강의 발원지로 알려진/ 검룡소이죠.//
오늘 발표하는 내용도 이 검룡소처럼/
귀사의 획기적인 발전의/
시작점이 될 수 있도록/
준비하였습니다.//

오프닝의 예 2

요즘 자전거 많이 타시죠./
자전거는/ 계속해서/ 앞으로 나가지 않으면 쓰러지게 되는데요.//
시스템도/ 발전하기 위해서는/ 자전거와 같이/
멈추지 않고 앞으로 나아가야 합니다.//
제안사는/ 시스템이 쉼 없이 발전해 나아갈 수 있는/
관리 체계를 준비하였습니다.//
제안사가 제안하는 시스템 관리 체계는/
개인의 역량에 의존하는 것이 아니고/
프로세스와/ 절차를 통해 운영되는 체계입니다.//
이에 대한 내용을/ 지금부터 설명 드리겠습니다.//

오프닝의 예 3

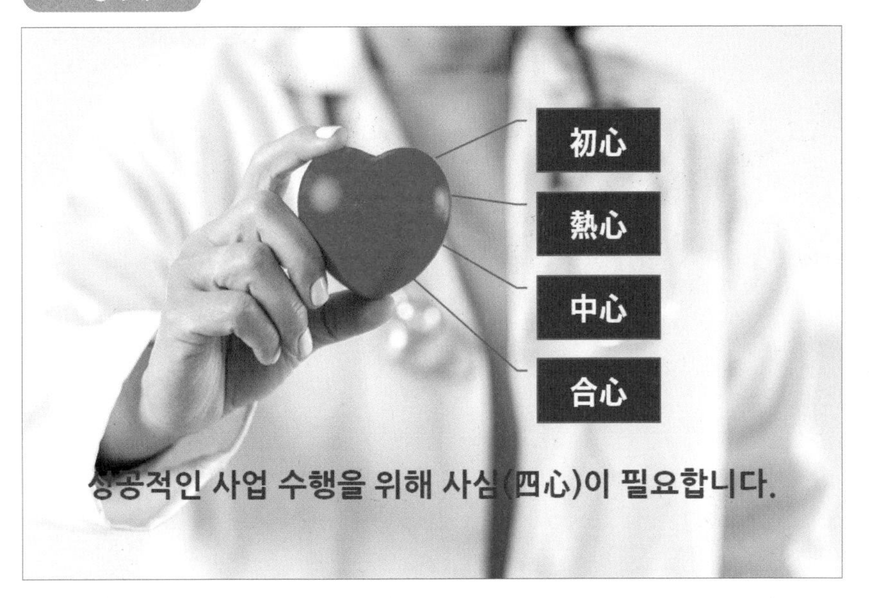

대본

이번 사업을 성공적으로 수행하기 위해서는/
4심이 필요합니다.//
여기서 말하는 4심은/ 초심, 열심, 중심, 합심인데요.//
첫째, 초심은/ 제안을 준비하면서 다짐한/ 사업 완수에 대한 의지를/
프로젝트가 끝날 때까지/ 잊지 않는 것입니다.//
둘째, 열심은 / 열과 성을 다해/ 사업을 수행하는 것이고요.//
셋째, 중심은 / 어떠한 어려움이 있어도/ 중심을 잡고/
납기를 지키는 것입니다.//
넷째, 합심인데요./
합심은/ 시스템을 오픈하는 날까지/ 실행 팀이/ 하나가 되는 것입니다.//
제안사는 이러한 4심으로/ 발표를 준비하였습니다.//

오프닝의 예 4

대본

독수리가 더 빨리/ 더 쉽게 날기 위해/ 극복해야 할 유일한 장애물은/
공기의 저항이라고 합니다.//
하지만/ 독소리가 높은 하늘을 더 멀리,/ 더 높이 날 수 있는 것도/
공기의 저항이 있어야 가능합니다.//
보안 관리도 마찬가지입니다.//
보안은 불편한 요소이지만/
한편으로는/ 보안 관리 체계가/ 갖춰져 있기 때문에/
안심하고 시스템을 활용할 수 있는 것입니다.//
시스템을 안심하고 사용할 수 있는/ 보안 관리 체계에 대해서/
설명드리겠습니다.//

오프닝의 예 5

대본

수적천석이라는/ 사자성어가 있습니다.//

아시는 것처럼/ 작은 물방울이라도/ 한 곳에 계속 떨어지면/

단단한 돌도/ 뚫을 수 있다는 말입니다.//

끈기 있게 노력하면/ 이루지 못할 것이 없다는 의미이지요.//

비록 이번 사업이/ 어렵고 힘들지만/

제안사는/

수적천석의 마음으로/

사업을 수행할 것입니다.//

그럼 지금부터 준비한 내용을/ 설명 드리겠습니다.//

오프닝의 예 6

미래를 고려한 **건축설계**

대본

뉴욕 맨해튼에 위치한 허스트 타워는/
2006년에/ 완공된 건축물로/
세상에서 가장 아름다운 건축물 중/ 하나입니다.//
이 건물은/ 1929년에 6층 건물로 지어졌으나/
76년이 지난/ 2006년에 40층이 증축되어/
맨하튼의 랜드마크가 되있습니다.//
추가의 기초 공사 없이/ 바로 40층을 증축할 수 있었던 것은/
처음부터 기초를 튼튼히 지었기 때문에/ 가능한 일이었습니다.//
이번 사업도/ 귀사의 시스템 인프라를 다지는 기초 사업으로/
그 중요성을/ 누구보다 잘 알고 있습니다.//

위는 몇 가지 예시일 뿐이고 경쟁 PT에서 활용하는 소재는 다양하다.

- 발표와 관련해 발표자의 역량이나 권위를 설명

"발표자인 저는 지난 10년 동안 교육 분야의 40개가 넘는 크고 작은 프로젝트를 수행해 왔습니다. 이러한 경험을 바탕으로 오늘 제안 발표를 준비했습니다."

- 잔잔하게 발표자의 심정을 표현

"오늘 발표에 대한 설렘으로 어제 늦은 저녁까지 잠을 이룰 수 없었습니다. 하지만 여러분의 밝은 모습을 보니 피곤함도 싹 가시는 것 같습니다. 제가 준비한 내용이 여러분에게 유익한 시간이 될 수 있도록 최선을 다하겠습니다."

- 시사적인 이슈의 언급으로 공감대 형성

"최근에 있었던 외부인 방화로 발생한 문화재 전소 사건은 취약한 보안 관리 때문이었습니다. 취약한 보안 관리는 재산 피해뿐 아니라 기업의 이미지를 손상시키는 위협적인 요소입니다. 제가 준비한 발표 내용도 철저한 보안 관리 방안에 대한 것입니다."

오프닝은 긍정적이고 밝은 느낌을 줘야 한다. 얼굴은 밝은 미소를 띄고 목소리는 누구나 잘 들릴 수 있도록 크고 명확하게 발표를 시작하면 청중은 발표자에 대한 기대감이 높아진다. 이와 반대로 잘 들리지 않을 정도로 목소리가 작고 자신 없는 태도를 보이면 발표에 대한 기대감이 떨어진다. 특히 조심해야 할 것은 다음과 같이 기대감을 낮추는 말을 하지 않는 것이다.

'시간이 부족해서 준비를 제대로 못했습니다.'

'내용이 부실하니 양해 바랍니다.'

청중을 처음 만나는 오프닝에서 부정적인 말은 발표자에 대한 부정적인 이미지를 형성하고 발표의 목적 달성과 멀어지게 만든다. 성공적인 발표는 오프닝부터 시작된다.

더 알아보기

오프닝의 조건

- 창의성
- 의외성
- 강조점과 연계성
- 간결성
- 오프닝 사례
  - 질문 던지기
  - 문구 인용
  - 호기심 유발
  - PT 핵심 메시지

클로징

발표는 오프닝-도입부-본론-마무리(결론)를 거쳐 클로징(Closing, 맺음말)으로 끝난다. 오프닝이 발표의 문을 여는 것이라면 클로징은 발표의 문을 닫는 것과 같다.

경쟁 PT에서 클로징에 정성을 쏟는 이유는 무엇일까?

클로징은 마무리의 일부이지만, 자료 화면을 별도로 할애해 맺음말로 준비하는 이유는 내용을 전달하는 데 있어서 오프닝처럼 영향력이 크기 때문이다. 도입부를 거처 본론에서 세부 내용을 발표하고 마무리에서 발표 내용을 요약하긴 하지만, 발표 내용을 요약하는 것만으로는 부족하다. 제안사의 강점인 발표의 핵심 내용을 평가위원에게 남겨야 한다. 클로징은 발표의 핵심 내용을 전달할 수 있는 마지막 기회이다.

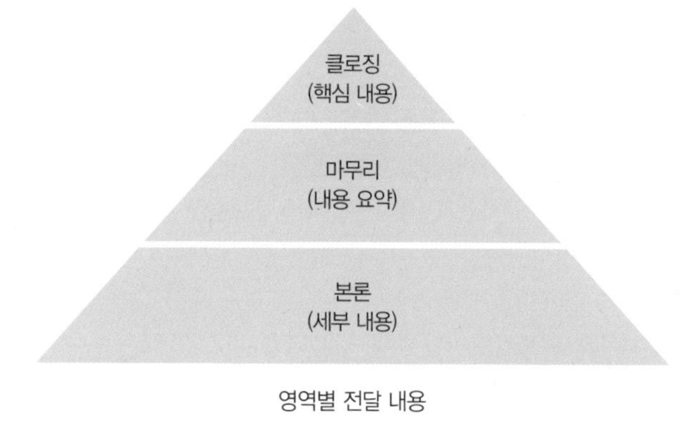

영역별 전달 내용

즉, 제안사의 특장점을 강조하는 결정적인 순간으로 활용할 수 있는 것이 클로징이다. 좋은 클로징은 제안사의 특장점을 오래 기억하게 하고 발표의 완성도를 높인다. 클로징도 오프닝과 마찬가지로 시간을 길게 끌지 않고 간결하게 마무리해야 하며 발표 중에 들어 보지 못한 새로운 이론이나 전문 용어를 사용하는 것은 바람직하지 않다.

클로징의 예

대본

지금까지/ 사업 수행 방안에 대해 말씀 드렸습니다.//
제안사의 강점을/ 다시 한번 요약해 말씀 드리면/
첫째,/ IT 업계에서/ 디지털 프랜스포메이션에 대한/ 독보적인 기술력을/
보유하고 있습니다.//
둘째,/ 분야별 최고의 전문 인력을/ 보유하고 있습니다.//
셋째,/ 연급 업무에 대한/ 많은 사업 경험도/ 갖고 있습니다.//
제안사는/ 항상 푸르고/ 듬직한 상록수처럼/
변치 않는 신뢰를 바탕으로/
사업을 반드시 성공시킬 것을/ 약속 드립니다.//

수미쌍관

오프닝과 클로징을 작성하는 데는 수미쌍관(首尾雙關) 방식을 권장한다. 수미쌍관은 '수미상응(首尾相應)'이라고도 하며 머리와 꼬리, 처음과 끝이 서로 관련이 있다는 것을 의미한다. 수미쌍관 방식은 소설, 수필, 시, 영화 등 다양한 문학 영역에서 활용하는 제작 기법이다. 김소월의 진달래꽃을 살펴보자. 시의 처음은 '나 보기가 역겨워/가실 때에는/말없이 고이 보내드리오리다.'로 시작하고 시의 끝은 '나 보기가 역겨워/가실 때에는/죽어도 아니 눈물 흘리오리다.'로 끝난다. 이렇게 우리에게 잘 알려진 문학 작품들은 수미쌍관 기법을 애용하고 있다. 수미쌍관 기법은 발표에서도 유효하다. 오프닝과 클로징은 전체 발표에서 작은 분량을 차지하지만, 수미쌍관 방식으로 작성하면 청중에게 즐거움과 감동을 줄 수 있다. 수미쌍관 방식을 권장하는 이유는 다음과 같은 장점이 있기 때문이다.

첫째, 같은 의미의 어구를 반복함으로써 뜻을 강조하는 효과가 있다. 오프닝에서 언급한 내용을 잊지 않도록 다시 상기시켜 준다.
둘째, 시작 부분과 끝부분이 반복돼 청중에게 재미와 감동을 준다.
셋째, 발표의 처음과 끝이 균형을 이뤄 발표에 안정감을 준다.

이러한 장점이 있는데도 오프닝과 클로징 자료가 수미쌍관을 이루는 경우는 흔치 않다. 원인은 수미쌍관 방식으로 작성하기가 어렵기 때문이다. 오프닝과 클로징의 조건을 만족하면서 서로 연관된 소재를 발굴하기는 쉬운 일이 아니다. 좋은 소재를 찾기 위해서는 꾸준한 관심과 노력이 필요하다.

수미쌍관 사례 1-오프닝

대본

파르테논 신전이 지어질 때/
한 건축가는/
"신은 모두 알고 있다"면서/보이지 않는 지붕 위까지도/
끝까지/ 마무리를 잘해/
현존하는 최고의/ 건축물이 됐습니다.//
금번에 수행하는 유지 보수 사업도/
고객의 보이지 않는 부분까지/ 세심하게 관리해야 하는 사업입니다.//
제안사는/ 고객의 보이지 않는 곳까지/
빠짐없이 점검해/ 시업을 준비했습니다.//

수미쌍관 사례 1-클로징

대본

파르테논 신전을 지을 당시/
신을 두려워했던/ 한 건축가의 마음처럼/
"고객이 모든 것을 알고 있다."는 것을/
마음속에/ 깊이 새기고/
잘 드러나지 않는 곳까지도/ 세심하게 챙겨/ 사업을 수행하겠습니다.//
감사합니다.//

수미쌍관 사례 2-오프닝

대본

축구 승부차기에서/

골키퍼가 공의 방향을 예측할 수 있다면/

공을 막을 수 있듯이/

유지 보수 사업 또한/

장애를 예측할 수 있다면/

안정적으로/ 시스템을 운영할 수 있습니다.//

저희 제안사는/

사선에/장애를 예방할 수 있도록/ 사업을 준비했습니다.//

수미쌍관 사례 2-클로징

대본

골키퍼가/
공의 방향을/ 미리 예측할 수 있다면/
공을 막을 수 있습니다.//
제안사는/
사전에/ 철저히 조사하고/ 예방해/
시스템을/ 안정적으로 유지 보수할 수 있도록/
최선을 다하겠습니다.//
감사합니다.//

위 2개의 예시처럼 수미쌍관을 이루는 오프닝과 클로징은 청중에게 시작과 끝을 기억하게 하고 전체 발표 내용을 정리할 수 있는 시간을 제공해 준다. 오프닝과 클로징에 활용되는 소재는 다양하지만, 창의성과 의외성이 있어야 한다. 시간과 고민이 필요하지만 가치 있는 작업이라는 것은 틀림없다. 치열하게 고민하고 노력한 만큼 강렬하고 멋진 오프닝과 클로징을 만들 수 있다.

더 알아보기

초두 효과와 최신 효과

순차적으로 정보를 제시할 때 가장 처음 제공한 정보와 가장 나중에 제공한 정보가 기억에 오래 남는다. 처음에 제공한 정보를 쉽게 기억하는 것을 초두 효과라 하고 마지막에 제공한 정보를 쉽게 기억하는 것을 최신 효과라고 한다.

초두 효과(Primacy Effect, 初頭效果) : 오프닝(Opening)
처음 만났을 때 느끼는 첫인상은 그 사람이나 대상에 대한 전반적인 신념이나 지식 그리고 기대를 형성하는 데 결정적인 역할을 한다. 발표에서 오프닝(Opening)도 발표자와 청중이 처음 만나는 시점으로 초두 효과가 발생한다.

최신효과(Recency Effect, 最新效果) : 클로징(Closing)
가장 최근에 제시된 정보를 더 잘 기억하는 현상으로 신근성 효과 또는 막바지 효과라고도 한다. 발표의 클로징(Closing)에서 긴 여운을 남길 수 있는 것은 최신 효과 때문이다

– 네이버 지식 백과 참조

Section 04

탄탄한 스토리로 청중을 몰입시켜라

기술의 혁신적인 발전으로 업체들 간의 제품의 품질 격차가 줄어들고 있다. 그러다 보니 더 이상 제품의 품질만으로는 경쟁력을 확보했다고 말하기 어려워졌다. 애플, 스타벅스, 레고와 같은 다국적 기업들은 그들만의 스토리를 갖고 고객의 감성을 사로잡으려는 마케팅을 하고 있다. 비단 애플, 스타벅스, 레고와 같은 글로벌 기업만 스토리텔링을 활용한 마케팅을 하는 것은 아니다. 이제는 국내외 기업뿐 아니라 문화, 예술, 산업 전반에서 걸쳐 활용되고 있다.

강의를 할 때도 단지 지식을 전달하기보다는 스토리를 가미해서 강의를 하면 학습 효과가 높아진다. 정치인이나 재계의 리더도 역경을 이겨 낸 자신만의 스토리를 갖고 있으면 더 많은 찬사와 지지를 받게 된다.

경쟁 PT에서도 스토리텔링은 청중을 몰입시키는 유용한 도구이다. 탄탄한 스토리 구성은 발표의 완성도를 높인다. 좋은 발표 내용이라고 해도 사실의 나열이나 내용 전달에만 집중돼 있으면 듣는 사람은 오랜 시간을 발표 내용에 집중하기 어렵다. 하지만 전달하고자 하는 내용을 이야기와 함께 버무린다면 분위기는 180도 달라진다.

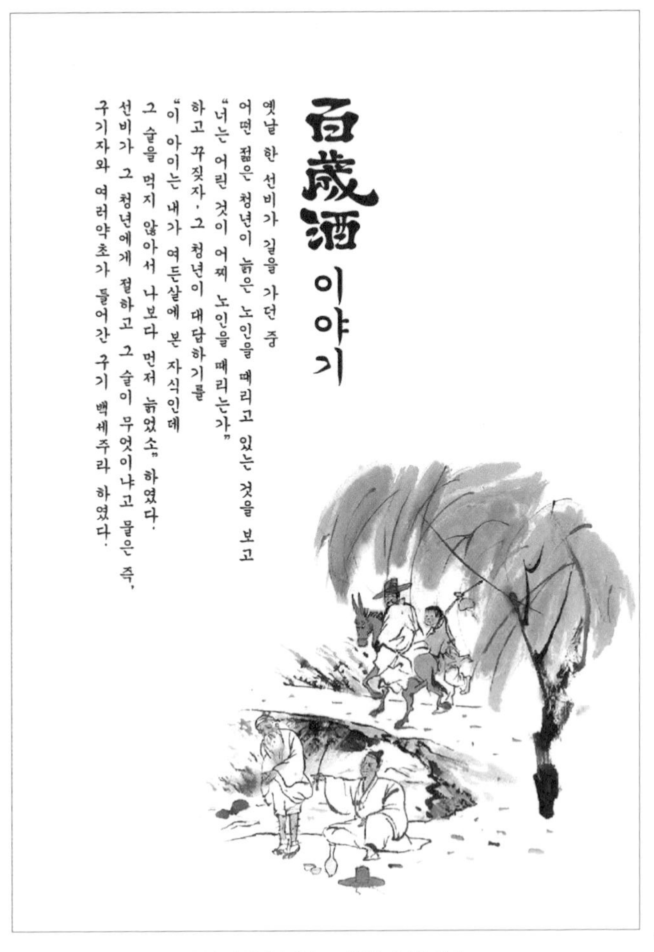

국순당 백세주의 스토리텔링 마케팅 사례
국순당은 1990년대 중반부터 스토리텔링 마케팅을 시작했다.

발표자의 스토리텔링은 청중의 지루함을 달래 주고 자연스럽게 발표 내용에 몰입하게 한다. 이야기를 듣다 보면 어느새 하나의 메시지가 머리에 남게 되고 '아! 그렇구나.' 하며 감탄한다. 스토리는 청중의 경계심을 없애고 마음의 벽을 허물게 하는 역할을 한다.

Story + Telling

→ 청중의 마음을 여는 열쇠

그러면 스토리텔링은 발표에서 어떻게 적용할 수 있을까? 이미 많은 발표자들이 스토리텔링을 하고 있다. 본인이 경험했던 일이나 기존에 프로젝트를 수행하면서 겪은 에피소드를 소개하며 발표자의 내용을 전달하는 것은 흔히 접할 수 있는 스토리텔링 방식이다.

발표를 잘하는 사람은 사소한 이야기들도 새로운 시각으로 들여다보고 스토리텔링의 소재로 활용한다. 발표를 준비하는 과정에서 이야깃거리가 없다고 생각하는 것은 평소 자신의 업무에 대해 관심을 갖고 관찰하지 않았기 때문이다. 경쟁 PT의 경우에는 업무와 관련된 내용이므로 그동안 발표자가 업무를 통해 겪은 모든 것이 이야기 소재의 후보이다.

이야기 소재의 후보는 본인이 경험한 것 중에서 발굴하는 것이 내용을 숙지하기도 쉽고 이야기를 자신감 있게 풀어 나가는 데 도움이 된다.

예를 들어 'PT를 잘하는 법'에 대해 발표한다고 생각해 보자. 예전에 본인이 직접 경험한 것을 발표한다면 굳이 외울 필요가 없고 꾸밀 필요도 없다. 경험자의 진정성과 생동감은 그대로 청중에게 전달돼 발표에 몰입하기 쉽다. 발표 소재는 발표자가 직접 경험한 것이 최고이지만, 그렇다고 본인의 경험담만 고집할 필요는 없다. 경험담이 없다면 다른 사람의 경험담을 활용할 수도 있다.

다른 경험 활용 사례

'지난주 친구들과 스노우 보드를 배우러 갔습니다. 스노우 보드를 잘 타는 사람들이 많았습니다. 옆에서 개인 레슨을 받는 사람들도 눈에 띄었고요. 그런데 스노우 보드를 가장 잘 탈 수 있는 사람은 누구일까 생각해 봤습니다. 스노우 보드를 잘 탈 수 있는 사람은 어제도 타고 오늘도 타고 실제로 타본 경험이 많은 사람일 것입니다.
다음으로 잘 타는 사람은 스노우 보드 타는 것을 옆에서 본 사람입니다. 스노우 보드를 못 타는 사람은 타 보지도 않고 어떻게 타는지에도 관심이 없는 사람입니다. 이와 마찬가지로 발표를 잘하는 사람은 많이 발표를 해 보고 다른 사람이 어떻게 발표하는지를 많이 본 사람입니다.

스토리텔링의 소재는 넘쳐난다. 출퇴근 때 있었던 일, 직장 동료와 있었던 일, 친구와 이야기했던 것, 영화 이야기, 일상이 모두 이야깃거리이다. 단지 필요한 것은 어떻게 이야기 소재로 활용할 것인지 관심을 갖는 것이다.

경쟁 PT의 경우, 스토리텔링에 효과적으로 사용할 수 있는 것이 선행 사업을 통해 얻은 교훈(Lessons Learned)이다. 선행 유사 사업을 통해 겪은 성공담과 실패담, 시행착오를 통해 얻은 노하우는 발표에 몰입하게 하는 스토리텔링의 좋은 소재이다. 본인이 경험한 것이 생각 나지 않으면 주변 사람이나 잘 알려진 사람의 경험을 인용해도 좋다.

스토리텔링 소재 발굴

PT의 스토리는 흐름을 어떻게 전개할 것인지에 대한 설계가 필요하다. 여기서 잠깐 스토리에 대해 좀 더 생각해 보자.

스토리는 메시지(Messsage), 갈등 구조(Conflict), 흐름(Plot), 등장인물(Character)의 네 가지 구성 요소로 이뤄져 있다. 여기서 가장 중요한 것은 '갈등 구조'이다.

갈등 구조는 주인공이 누군가에게 고통을 받거나 어려운 현실 상황을 의미한다. 이러한 갈등 구조는 크면 클수록 극적인 효과가 커진다. 발표의 스토리라인을 설계할 때도 영화나 연극처럼 갈등 요소가 있어야 청중의 발표에 대한 집중력이 높아진다.

발표에서 갈등 요소는 고객사가 처한 어려운 상황이고 사업을 수행해야 하는 이유이다. 갈등 요소는 RFP에 간단하게 정의돼 있지만 RFP에 언급한 내용과는 별도로 고객의 처한 상황을 좀 더 자세하게 조사하거나 동종 업계의 동향을 파악해 활용할 수 있다.

청중이 흥미를 갖고 발표에 몰입할 수 있게 하기 위해서는 갈등 요소를 부각해 현재의 위기 상황을 명확히 인식시키는 것이 필요하다. 발표도 동일하게 메시지(Messsage), 갈등 구조(Conflict), 흐름(Plot), 등장인물(Character)이 모두 필요하다. 여기서 등장인물은 반드시 사람을 의미하지는 않는다. 시스템이나 방법론 같은 솔루션이 등장인물을 대신할 수도 있다.

발표 내용이 밋밋하다는 지적을 받는다면 갈등 구조를 갖추고 있는지 확인해 봐야 한다. 갈등 구조는 해결 방안을 설명하기에 앞서 해결 방안을 들어야 하는 이유를 설명하는 것이다.

이야기를 풀어 나가기 위해서는 화법 또한 중요하다. 화법은 '말하는 방법'이다. 오래전부터 많은 사람이 전달력을 높이는 화법에 대해 고민했다. 고대의 철학자 아리스토텔레스는 상대방을 설득하기 위해 로고스(논리), 에토스(감성), 파토스(권위)의 세 가지 요소를 강조했으며 화법에 대해서도 여러 가지를 제시했다.

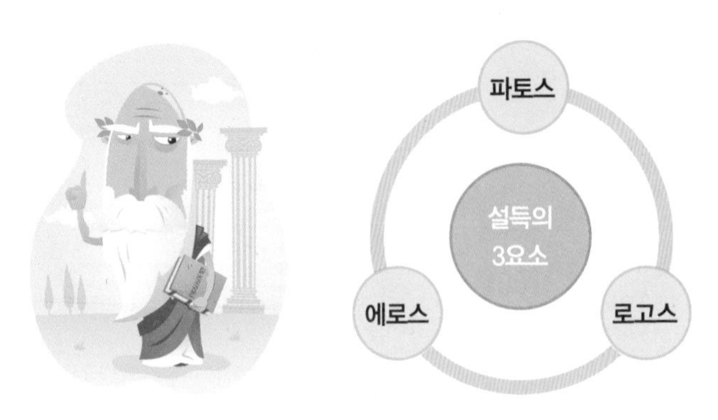

아리스토텔레스의 설득 요소

예나 지금이나 많은 사람이 전달력을 높이는 방법에 대해 관심을 갖고 있지만 일상에서 활용하는 화법은 그리 많지 않다. 이 책에서 소개하는 네 가지 화법은 기본적이면서도 활용도가 높은 방법이다.

PREP 화법

두괄식 표현으로 전달 효과가 높다. 짧은 시간에 자신의 의견이나 주장을 논리적으로 이야기할 수 있는 화법이다. 관리자나 업무 지식이 많은 사람에게 발표할 때 유용하다.

- **결론/주장**(Point): 결론이나 주장을 먼저 말한다.
- **이유**(Reason): 주장이나 결론에 대해 논리적인 이유를 말한다.
- **근거**(Example): 사례를 통해 주장을 객관화한다. 주어진 시간에 따라 사례의 개수를 조절할 수 있다.
- **결론**(Point): 주장이나 결론을 다시 한번 언급해 마무리한다.

PREP 화법의 예

- **주장**(Point): 대한민국의 교육 제도는 변화해야 할 시점이다.
- **이유**(Reason): 입시 중심의 교육이다 보니 수험생을 둔 가정은 매년 사교육비용 증가로 고통받고 있으며 학생들은 입시 중심의 학습으로 인성 교육은 꿈도 못 꾼다.
- **근거**(Example): 사교육비 증가로 출산율이 급격하게 떨어지고 신문 지상에는 입시 스트레스를 이기지 못하고 방황하는 청소년들의 사건, 사고가 하루가 멀다 하고 실리고 있다.
- **결론**(Point): 이제 교육 제도는 반드시 변화해야만 하는 시점이 됐다.

말의 분량에 따라 사례 개수는 조절할 수 있지만 특별한 경우가 아니라면 사례는 3개를 넘어가지 않는 것이 좋다.

PREP 적용의 예

내용	구분
최근 인간의 수명은 100년 전에 비해 증가했다고 합니다.	주장/사실
의학의 발달, 과학적 건강 관리, 다양한 음식 문화와 여가 생활의 확대를 통해 인간은 기대 이상의 수명을 유지하고 있습니다.	부연
하버드 대학 의학 연구팀은 103세까지 건강하게 살았던 한 노인의 뇌를 검사해 그 결과를 발표했습니다. 이 노인은 완벽할 정도로 건강하게 살았으나 검사 결과에는 노인의 뇌가 심각한 손상을 입어 정상적인 생활이 불가능한 상태였습니다. 연구진은 노인이 정상적인 생활을 할 수 있었던 이유를 평소 생활습관에서 찾을 수 있었습니다. 이 노인은 평소 과학 잡지나 전문 서적을 많이 읽으며 쉬지 않고 두뇌를 자극하는 운동을 했던 것입니다.	사례 1
101세로 세상을 떠난 한 여성의 검사 결과도 이와 비슷했습니다. 수녀로서 오랫동안 건강한 생활을 유지했던 이 여성의 뇌를 검사한 결과는 놀랍게도 알츠하이머 진단이 나왔습니다. 이 여성도 평소 책을 많이 읽고 노년에도 왕성한 봉사 활동을 하면서 질병에 대한 저항력을 만들어 냈던 것입니다.	사례 2

공부는 마음을 넓히고 사물을 바로 볼 수 있게 도와줍니다. 이러한 이성적 자극은 두뇌를 건강하게 하고 질병에 저항하는 운동 효과를 가져옵니다. 늙고 병들었기에 아무것도 못할 거라 생각하지 마십시오. 늙어서도 사회의 일원으로 참여하는 시대를 만들어 갑시다.	← 결론

류중현/발행인

EOB 화법

사례를 시작으로 청중의 관심을 끈 후 마지막에 이익이나 시사점으로 마무리한다. 청중을 자연스럽게 몰입시키기 유용한 화법이다.

- 예시(Example): 사례를 이야기한다.
- 핵심 정리(Outline): 사례의 핵심을 요약한다.
- 이익/시사점(Benefit): 사례에서 얻은 이점이나 시사점을 제시한다.

EOB 화법의 예

- 예시(Example): 작년 상품 매출은 전년 대비 30% 감소했다. 이익도 30% 줄어들었다. 해외 수출 물량은 기하급수적으로 감소하고 있다.
- 핵심 정리(Outline): 해외 법인은 각종 규제로 영업 활동이 위축되고 있다. 이렇게 매출과 이익은 줄고 해외 법인의 영업 환경은 악화되고 있는 것이다.
- 이익/시사점(Benefit): 이를 극복할 새로운 대책이 필요하다. 상품의 경쟁력을 높일 수 있는 새로운 조직과 해외 영업 조직의 강화 방안이 필요한 시점이다.

전체–부분(Whole–Part) 화법

전체를 조망한 후 세부적으로 나눠 설명하는 화법이다. 프로세스나 절차를 설명하는 데 유용하다.

전체–부분 화법의 예

- 전체(Whole) : 오늘은 낚시에 대해 알아보겠다. 낚시는 민물낚시와 바다낚시로 나눌 수 있다.
- 부분(Part1) : 민물낚시는 계곡, 강, 호수, 저수지에서 이뤄지며 붕어, 잉어, 은어, 향어, 송어, 쏘가리를 낚는다.
- 부분(Part2) : 바다낚시는 해안가 모래밭, 갯바위, 방파제나 배를 타고 나가서 하는 낚시로, 가자미, 넙치, 감성 돔, 노래미, 참돔이 낚인다.
- 부분(Part3) : 민물과 바닷물이 만나는 합수머리는 낚시 애호가들이 많이 찾는 장소로, 여러 가지 민물고기 어종과 바다 어패류가 함께 낚이고 있어 인기가 많다.

FABE 화법

제안이나 상품에 대한 특성을 설명하기에 좋은 화법이다.

- 특징(Feature) : 객관적인 특징을 설명한다.
- 이점(Advantage) : 특징에 대한 일반적인 이점을 설명한다.
- 이익(Benefit) : 회사 또는 고객이 얻을 수 있는 이점을 설명한다.
- 증거(Evidence) : 내용을 믿을 수 있도록 구체적인 증거를 제시한다.

FABE 화법의 예

- 특징(Feature) : 이 제품은 특수 화학 처리가 된 제품입니다.
- 이점(Advantage) : 날씨가 더운 여름이나 추운 겨울에도 도색이 변질되지 않고 제품을 보호해 줍니다.
- 이익(Benefit) : 고온에서 작업을 해야 하는 고객의 경우에도 이 제품은 안전하게 사용할 수 있는 우수한 제품입니다.
- 증거(Evidence) : 품질 연구소에서 진행하는 섭씨 100도에서 10분 이상 견디는 시험을 이상 없이 통과한 제품입니다.

이 밖에도 이야기를 풀어 나가는 화법에는 여러 가지 방식이 있다. 화법은 단순히 머리로 암기하는 것으로는 활용이 어렵다. 평소 연습을 통해 화법에 익숙해질 때 상황에 따라 자연스럽게 이야기를 전개해 나갈 수 있게 된다.

지금까지 탄탄한 스토리를 구성하는 것에 대해 이야기했다. 탄탄한 스토리가 되기 위해서는 이야기의 요소인 갈등 요소가 잘 드러나야 하고 내가 하고 싶은 이야기를 전개할 수 있는 에피소드가 있어야 한다. 말하기 쉽고 이해하기 좋은 화법도 필요하다. 누구나 알 수 있는 쉬운 내용이지만 어렵게 느껴지는 것은 자연스럽게 활용할 수 있도록 체득하는 것이 어렵기 때문이다. 적용하고 응용하는 노력이 필요한 시점이다.

Section 05

실무에서 활용하는 스토리라인 발굴 기법

경쟁 PT의 스토리라인 전개는 영화의 스토리라인 전개 방식과 비슷하다. 재미있는 영화의 공통점은 처음부터 영화에 대한 기대감을 충분히 끌어 올리고 다음 장면이 어떻게 전개될지 궁금하게 만들어 몰입도를 높인다. 영화를 보는 내내 지루함을 느낄 순간 없이 흥미진진하고 무엇보다 영화를 보고 나면 전달하는 메시지가 긴 여운과 함께 머릿속에 남는다.

다시 경쟁 PT로 돌아와 보자.

발표의 스토리라인 전개도 이와 비슷하다. 발표를 시작하는 오프닝에서는 청중의 기대감과 호기심을 높일 수 있어야 하고 발표하는 매 순간마다 청중의 관심사항을 지루하지 않게 전달할 수 있어야 한다. 발표가 끝나고 나면 청중에게 전달 메시지가 명확하게 드러나야 하고 논리적으로 설득력도 있어야 한다. 다행스럽게도 경쟁 PT의 스토리 라인 설계는 영화나 드라마처럼 복잡하지 않다. 경쟁 PT 시간의 대부분은 평가위원이 궁금해하는 내용으로 채워진다. 이는 발표 시간에 해야 할 말의 재료가 정해져 있다는 것을 의미한다.

경쟁 PT에는 일반적으로 사업 수행 전략(방향)과 사업 범위, 고객 이슈(고민거리)가 들어가며 실행 방안을 중심으로 발표 자료를 구성한다. 경쟁 PT를 포함한 대부분의 비즈니스 PT는 본론(실행 방안)으로 가는 과정에서 스토리 설계가 필요하며 이것이 영화나 드라마와의 차이점이다.

하지만 제안 PT의 스토리라인을 설계하는 것도 만만치 않은 작업이다. 발표를 앞두고 제한된 시간 내에 극작가도 아닌 발표자가 스토리라인을 설계해야 하는 경우에는 더더욱 그러하다.

스토리 라인 설계에 자신이 없는 경우에는 잘 만들어진 PT를 참조해 응용하는 것이 효과적이다. 스토리라인의 뼈대를 만들어 놓고 보완 작업을 통해 완성한다. 경쟁 PT에서 스토리라인 설계는 발표해야 할 내용이 이미 정해져 있으므로 고여 있는 웅덩이의 물(전달 내용)이 잘 지나가도록 물꼬를 터서 흐름을 원활하게 하는 작업과 같다.

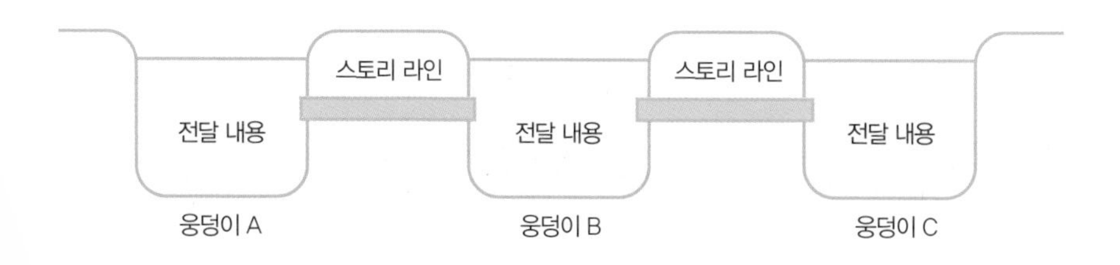

발표의 스토리라인이 바뀐다고 해서 전체적인 전달 내용이나 전달하려는 핵심 메시지는 바뀌지 않는다. 처음에는 발표할 내용의 연결고리를 만들어 준다는 생각으로 가볍게 접근해 보자.

처음부터 완성도 높은 스토리라인을 만들려고 하기보다 70점 정도의 수준부터 시작한다고 생각하는 것이 좋다. 처음에 생각한 스토리라인은 중반, 후반으로 갈 수록 점점 더 보완되고 좋아지게 된다.

스토리라인 구성이 어렵게 느껴진다면 브리핑을 하듯이 내용을 요약해 본다. 이 방법은 실제로 제안 현장에서 많이 활용된다. 구체적인 예를 들어 보자.

1. 발표할 내용을 브리핑하는 정도로 가볍게 흐름을 정리해 본다.

사례 발표 내용 흐름 요약(1단계)

누구나 사업을 할 수 있다고 말한다. 하지만 잘할 수 있는 사업자는 많지 않다. 이번 사업을 수행하기 위해서는 복합 역량이 필요하다. 왜냐하면 기술 역량, 사업관리 역량, 개발 역량이 필요한 사업이기 때문이다.
고객이 사업을 추진하게 된 배경은 시스템 고도화에 있다. 고객은 주요 핵심 이슈를 갖고 있다. 이를 해결하기 위한 사업 범위는 네 가시 영역으로 진행된다. 제안사는 복합 역량을 보유한 사업자로, 다음과 같은 전략으로 사업을 완수하겠다.
(구체화는 나중에)
사업 실행 방안은 총 12개이다.
(구체화는 나중에)
제안사의 복합 역량을 바탕으로 본 사업을 성공적으로 수행할 것을 약속드립니다.
감사합니다.

'몰입도를 높이는 스토리라인 구성 원칙 중 하나는 특정 사실, 사례를 일반화하고 객관화해 내가 얘기하려는 방향과 연결하는 것이다.'

담배는 정말 건강에 해로운 것 같아요. (일반화)
여보, 최근에 옆집 아저씨가 돌아가셨데요. 알고 보니 담배를 많이 피워서 폐암이 걸렸다고 하네요. (특정 사실)
당신도 담배 좀 끊어야 하지 않을까요? 아이들 결혼하는 것도 봐야 하지 않겠어요. (하고 싶은 말)

2. 요약한 발표의 흐름은 부문별로 좋은 아이디어가 있으면 추가해 보완하고 발표 자료 페이지 수도 대략적으로 정해 본다.

사례 발표 내용 흐름 구체화(2단계)

누구나 사업을 할 수 있다고 말한다. 하지만 할 수 있는 것이 중요한 것이 아니라 잘할 수 있어야 한다. 잘할 수 있는 사업자는 많지 않다.

➡ **발표의 오프닝으로 구성(1페이지)**

이번 사업을 수행하기 위해서는 복합 역량이 필요하다. 이 사업은 신기술을 적용해 여러 협력 업체와 협업을 통해 시스템을 구축하는 것으로 기술 역량, 사업 관리 역량, 개발 역량이 필요한 사업이기 때문이다.

➡ **사업의 본질의 내용으로 구성(1페이지)**

고객이 사업을 추진하게 된 배경은 시스템 고도화에 있다.

➡ **사업의 배경으로 구성(1페이지)**

이를 위한 사업 범위는 네 가지 영역으로 진행된다.

➡ **사업 수행 범위로 구성(1페이지)**

고객은 주요 핵심 이슈를 갖고 있다.

➡ **고객의 핵심 이슈(세 가지–3페이지)**

제안사는 고객의 이슈를 해결하는 역량을 보유하고 있다.

➡ **제안사의 역량, 강점(세 가지–3페이지)**

이러한 제안사의 역량으로 사업 실행 방안을 발표하겠다.

➡ **실행 방안(10~14페이지)**

제안사의 복합 역량을 바탕으로 이 사업을 성공적으로 수행할 것을 약속드립니다.

➡ **마무리(요약, 클로징–2페이지)**

3. 흐름에 대한 구상이 확정될 때까지 보완 작업을 반복하고 내용이 확정되면 엑셀이나 파워포인트를 활용해 스토리보드를 작성한다.

사례 스토리보드 작성(3단계)

대목차	세부 목차	작성 내용/메시지	작성자	페이지 수량
표지	AI를 활용한 고객 영업 정보 시스템 구축 제안			1
오프닝	프롤로그	시스템을 구축하는 것이 중요한 것이 아니라 잘 구축할 수 있어야 한다.		1
	사업의 본질	성공적인 수행을 위해서는 복합 역량이 필요(기술 역량, 사업 관리 역량, 개발 역량)		1
1장 사업의 이해	1.1 사업 추진 배경	영업 정보 시스템 개선을 통해 기업 경쟁력을 확보한다.		1
	1.2 사업 수행 범위	사업 범위 기술		1
	1.3 고객 이슈 및 사업 특성	고객의 핵심 이슈 정리		4
		사업의 특성을 상세화(세 가지로 정리)		
	1.4 사업 수행 방향	고객의 고민, 사업 특성과 연계된 성공 요소		3
		사업 성공을 위한 제안사의 수행 전략		2
2장 사업 실행 방안	2.1 신기술 적용 방안	사용 편의성 향상, 자동화 툴 적용 강조		6
	2.2 시스템 개발 방안	전문 인력, 유사 사업 수행 경험 강조		7
	2.3 통합적인 사업 수행 방안	프로젝트 관리 도구와 프로그램 설명		3
3장 사업 관리 방안	3.1 수행 조직/인력	협력 업체, 협업 업체, 투입 인력 설명		3
	3.2 수행 일정	주요 항목별 일정 계획		1
	3.3 교육 및 운영 관리	투입 인력 및 운영 지원 체계 설명		1
마무리	발표 내용 요약	발표 내용 중 강조할 내용을 중심으로 요약		1
	에필로그	사업자는 아무나 할 수 있지만 잘할 수 있는 사업자는 드물다. 제안사는 본 사업을 잘할 수 있도록 필요 역량을 갖고 있다는 내용을 다시 한번 강조		1
페이지 합계				37

스토리보드가 만들어졌다 하더라도 세부적인 내용은 발표 자료가 완성될 때까지 계속 수정된다. 스토리라인을 설계할 때 업무에 대해 잘 알고 있거나 사례를 많이 알고 있다면 좀 더 좋은 아이디어로 만들어질 수 있다. 관련 사업에 대한 이해와 많은 경험은 스토리라인을 전개하는 힘을 키우게 한다.

스토리라인을 전개하는 방법은 바둑을 두는 것처럼 그 수가 무궁무진하다. 고민하면 할수록 좋은 아이디어가 생겨나고 발표의 흐름도 좋아진다.

스토리라인을 설계하는 것은 늘 어려운 작업이다. 그렇다고 해서 포기하면 안 된다. 발표는 결국 스토리라인의 힘으로 이끌어가는 것이기 때문이다.

Section 06

발표의 프레임워크를 지켜라

발표의 프레임워크는 오프닝(머리말), 도입부, 본론, 마무리(결론), 클로징(맺음말)의 5개로 구성된다. 특별한 기획 의도가 있거나 발표 시간이 매우 짧은 경우를 제외하고는 이와 같은 5개의 발표 프레임워크를 유지하는 것이 좋다.

오프닝(머리말)
- 아이스 브레이킹(Ice Breaking)
- 청중 관심 유도

도입부
- 주제 의미 부각
- 주제에 대한 공감 획득

본론
- 주장/제안 내용
- 해결책 제시

마무리(결론)
- 발표 내용 요약
- 전달 메시지 정리

클로징(맺음말)
- 긍정의 메시지
- 행동 촉구

앞에서 부분적으로 언급했지만, 부문별 특성을 다시 한번 요약한다.

오프닝

오프닝(Opening, 머리말)의 주 기능은 청중과의 좋은 관계 설정(Ice Breaking)이다. 오프닝을 통해 청중의 경계심을 허물고 발표에 대한 기대치를 끌어 올릴 수 있어야 한다. 오프닝은 독창적이고 의외성이 있어야 하며 발표 주제와 연관성이 있어야 한다.

도입부

도입부는 본론에서 전개될 내용의 개요나 현황을 소개하는 부분이다. 예를 들어, 보안 솔루션을 제안하는 것이라면 도입부에서 보안과 관련한 이슈나 해결해야 할 문제점을 언급하고 이를 방치하면 큰 사고가 발생할 수 있다는 것을 설명한다. 청중이 이를 공감한다면 도입부의 역할은 일단 성공이다.

경쟁 PT에서 가장 많이 쓰는 방법 중 하나가 현재에 처해 있는 고객의 위기 상황을 도입부에서 소개하고 문제 해결의 필요성을 강조하는 것이다. 만약 고객이 처한 상황이나 개선 항목을 파악하기 어렵다면 동종 업계의 동향이나 경쟁 업체의 현황을 소개할 수 있다.

도입부에서 해야할 일은 발표 주제의 중요성에
대해 청중과 공감대를 형성하는 것이야!

본론으로 들어가기 전에 청중에게는 준비할 시간이 필요하다. 도입부 없이 본론으로 바로 들어가는 것은 발표자의 주장이나 솔루션을 바로 들이대는 것과 같고 이는 청중을 당황하게 만든다. 도입부에서 발표할 내용이 중요한 것이라고 인식시키면 청중은 좀 더 많은 관심을 갖고 발표에 귀를 기울이게 된다.

본론

본론에서는 도입부에서 언급했던 어려운 상황이나 문제점을 어떻게 개선할 것인지에 대한 해결 방안을 구체적으로 제안한다. 해결 방안에 대한 신뢰도를 높이기 위해 관련 예시나 사례를 활용하고 데이터에 근거해 해결책을 제시한다. 이때 주의해야 할 점은 발표자 관점이 아닌 청중의 관점에서 내용을 구성해야 한다.

발표자의 관점 예시

> **"우리는 시스템 운영 이슈들을 해결할 수 있습니다."**
> **"경험 많은 엔지니어를 투입해 시스템을 조기에 구축하겠습니다."**

청중의 관점 예시

> **"시스템 운영 이슈들을 해결해 매년 10% 이상 고객의 장비 운영 비용을 절감하겠습니다."**
> **"경험 많은 엔지니어를 투입해 시스템을 조기에 구축해서 오픈 일정을 10일 앞당기겠습니다."**

발표자 관점의 발표는 청중의 관심을 끌기에 부족하다. 청중은 청중 입장에서 얻을 수 있는 효과에 관심이 많고 이를 명확히 알려 줄 때 발표 내용에 더 귀를 기울이게 된다.

다음은 본론의 내용을 구성하는 방법에 대해 살펴보자. 본론의 내용을 구성하는 데는 여러 가지 방법이 있다. 본론은 몇 개의 소주제로 구성돼 있고 소주제의 특성에 따라 다르게 구성할 수 있지만, 일관성 있게 하나의 구성 방식을 적용하는 것이 가독성을 높인다.

❶ 시간순으로 구성

- 과거/현재/미래 또는 아침/점심/저녁과 같이 자연의 시간 흐름을 좇아 내용을 배열하는 방식이다.
- 내용을 정리하기 쉽다.

❷ 기능 중심으로 구성

- 시스템이나 장비를 설명할 때 유용하다.
- 대상을 기능으로 쉽게 구분할 수 있어야 한다.

❸ 사건(주요 마일스톤)별로 구성

역사와 같이 사건별로 내용을 구성한다.

❹ 문제별 해결 방안으로 구성

문제를 도출하고 각 문제에 대한 해결 방안을 제시한다.

❺ 공간을 기준으로 구성

- 공간적인 순서를 정해 문장을 전개해 나간다.
- 이미지를 연상하면서 내용을 파악할 수 있는 장점이 있다.

❻ 중요도 중심으로 구성

- 중요한 것 순으로 내용을 전개한다.

• 청중은 중요한 내용에 더 집중할 수 있다.

이 밖에도 내용을 전개하는 방식에는 여러 가지가 있다. 상황과 특성에 따라 적절한 전개 방식을 활용하면 전달 효과를 높일 수 있다.

내용을 구성할 때는 내용 구성 항목이 누락되지 않고 중복되지 않아야 한다. 컨설팅이나 마케팅, 전략 기획에서 많이 사용하는 분석 기법 중 MECE(Mutually Exclusive Collectively Exhaustive) 기법이 있는데, 이는 대상 항목이 누락되거나 중복되지 않도록 점검하는 기법이다. 발표 내용 구성에 있어서도 MECE 기법이 매우 유용하다. 발표 내용을 구성할 때 상호 중복되지 않고 누락 없이 작성됐는지 MECE 기법을 적용해 검토하면 자료의 수준을 손쉽게 파악할 수 있다. 시간의 흐름으로 구성하는 MECE한 프레임워크의 대표적인 예로는 '과거-현재-미래'가 있다.

MECE(중복과 누락 없는) 분석 기법

마케팅, 전략 기획에서 MECE 용어를 많이 사용하고 있으며 컨설턴트의 전략적 사고 방식으로 활용되고 있다.

MECE = Mutually Exclusive + Collectively Exhaustive

(상호 중복 없이) (전체적으로 누락이 없는)

MECE 분석이 효과적이네!

이 밖에도 개선 전/개선 후, 고객 요구사항, 사업 범위도 내용을 전개하는 MECE의 프레임워크가 될 수 있다. 내용 구성을 중복과 누락 없이 나눌 수 있다면 내용도 보다 쉽게 전개할 수 있고 본론의 내용도 짜임새 있게 보인다. 하지만 내용 구성을 위한 프레임워크를 찾는 것은 쉬운 일이 아니다.

다음은 비즈니스에서 많이 사용하는 프레임워크 사례이다.

마무리(결론)

발표 내용을 전체적으로 인지하기 위해서는 지속적인 집중력이 요구된다. 하지만 아무리 집중하더라도 발표 시간이 길어지고 발표 내용이 많아지면 청중은 내용에 대한 숙지와 요약이 어려워진다. 이러한 문제점을 해결하기 위해 마무리(결론) 영역에서는 그동안 청중이 무엇을 들었고 이번 발표에서 무엇이 핵심인지 요약해 준다. 그러면 청중은 편안하게 발표의 종착지에 도착하게 되고 발표자의 발표 내용도 정리할 수 있게 된다. 발표에서 마무리(결론)는 발표 내용을 요약하는 시간이다.

결론 부분에서 하지 말아야 할 것도 있다.

첫째, 새로운 용어나 이론을 제시하지 않는다. 마무리(결론) 부분에서는 발표자가 청중에게 전달하고 싶은 메시지와 지금까지 발표한 내용을 요약하고 정리해 주는 것으로 충분하다. 지금까지 만난 다양한 사업 분야의 발표자들과 발표 연습을 할 때 적지 않은 발표자가 마무리(결론) 부분에서 새로운 이야기를 하는 경우가 있다. 예를 들어 도입부, 본론에서 새로운 비즈니스 창출이 중요하고 비즈니스를 어떻게 창출할 것인지에 대해 설명한 후에 마무리(결론)에서는 전문 인력 양성이 필요하다는 말을 한다면 청중은 그동안의 발표 내용을 정리하기보다는 새로운 생각으로 머리가 더 복잡해질 것이다. 마무리(결론) 부분에서는 지금까지의 내용을 요약하는 단계라는 것을 명심해야 한다.

둘째, 너무 길게 말하지 않는다. 마무리(결론)는 도입부와 본론을 요약해 주는 부분으로, 너무 길면 청중은 지루해하고 중언부언하는 느낌이 들어 발표를 망칠 수 있다. 길어도 본론의 20%를 넘지 않는 것이 좋다.

클로징

클로징(Closing, 맺음말) 단계에서는 청중의 행동을 촉구하거나 긍정적인 메시지로 내용을 마무리한다. 시간을 길게 끌지 않고 강한 메시지를 남기면 청중은 발표에 대해 긴 여운을 갖게 될 것이다. 특히 오프닝에서 말한 내용이 클로징과 연결될 때 발표에 대한 세련미가 높아지고 마치 하나의 큰 그림이 완성되는 것처럼 마무리되는 효과가 있다. 클로징은 발표의 문을 닫는 작업이다.

지금까지 발표의 프레임워크에 대해 살펴봤다. 특별한 의도가 없으면 5개의 프레임워크에 따라 발표 자료를 구성해야 한다. 특히 멋진 오프닝과 클로징은 빼놓지 말아야 할 부분이다.

Section 07

제목과 목차는 발표의 골격이다. 골격은 튼튼하게!

사람에게는 '이름'이 있고 책과 영화에는 '제목'이 있다. 이름이나 제목은 대상을 구별하기 위해 사용하기도 하지만, 대상의 특성을 규정하는 데 사용하기도 한다. 유명 연예인이 아니더라도 이름이 마음에 안 들어 번거로운 법 절차와 비용을 감수하면서 개명하는 사람도 있다. 그만큼 이름이나 제목이 우리의 일상생활에 많은 영향을 미치기 때문이다.

외국 영화를 수입해 상영하는 국내 영화 배급사는 영화 제목을 결정하는 데 많은 정성을 들인다. 그도 그럴 것이 영화 제목에 따라 관람객 수의 차이가 많이 나기 때문이다.

2006년에 국내에서 개봉한 〈박물관이 살아 있다〉의 원제목은 'Night at the Museum'이다. 직역하면 '박물관에서의 밤'이 된다. 배급사는 제목이 다소 밋밋하고 흥미를 끌기에 부족하다고 판단해 원제목을 '박물관이 살아 있다'로 바꿨다. 기존의 정적인 제목에서 역동적이고 무엇인가 재미 있는 일이 생길 것 같은 기대감을 주는 제목으로 바꾼 것이다. 이 영화는 제목을 새롭게 지어 흥행에 성공한 대표적인 사례이다.

발표에서 제목을 정하는 것은 영화의 제목처럼 중요하지만, 발표 자료의 제목에 대해서는 그리 많은 고민을 하지 않는다. 자료를 작성하는 것도 힘든데 제목까지 신경 쓸 여력이 없다고 생각할 수 있다. 하지만 제목을 잘 지으면 흥행하는 발표에 한걸음 더 다가서게 된다. 발표 제목은 전체 발표 내용을 짐작할 수 있어야 하며 청중의 호기심을 자극하는 것도 필요하다. 예를 들어 '부동산 매매 기법'을 소개하는 발표라면 여러분은 어떤 제목을 정하겠는가?

부동산으로 부자되기
부동산 매매 방법
부동산
집과 땅
부동산 무엇이 필요한가?
잘 시고 잘 필기
돈 놓고 집 먹기

제목을 짓는 것은 개인의 몫이지만, 몇 가지 고려해야 할 사항이 있다.

❶ 전체 내용이 무엇인지 짐작할 수 있어야 한다

발표의 한 부분만을 나타내는 제목은 발표의 완성도를 떨어뜨리고 신뢰도를 낮춘다.

❷ 장황한 수식어를 쓰지 않고 간결하게 작성한다

화려한 수식어는 핵심을 흐리게 할 수 있으며 세련미를 떨어뜨린다. 핵심 문장을 간결하게 만들어야 한다.

❸ 호기심을 자극해 관심을 유도한다

사람은 호기심의 동물이다. 제목이 궁금하면 발표에 집중하게 된다.

❹ 청중의 눈높이를 고려한다

청년이나 중장년층, 노인과 같이 연령대에 따라 관심거리가 다르고 직업, 성별, 지식 수준에 따라 생각하는 것이 다르다. 청중을 고려해 제목을 정해야 한다.

비즈니스 PT에서 내용 파악이 어려운 제목으로 정하는 것은 좋은 방법이 아니다. 경쟁 PT에서의 발표 제목은 RFP에 명시된 사업이므로 별도의 제목을 정할 수 없지만, 제안사의 의지나 제안 방향을 나타내는 문구를 담아 작성할 수 있다.

경쟁 PT 제목의 예

변화와 혁신의 기반을 다지는 ———— • 제안사의 의지 추가
'통합데이터 플랫폼 구축 사업' ———— • RFP의 제목

제목이 정해지면 제목에 따라오는 것이 목차이다. 발표 제목은 사람의 얼굴과 같고 목차는 몸을 지탱하는 뼈대와 같다. 기초를 잘 세우면 살을 붙이는 작업이 훨씬 쉬워진다. 목차 구성 작업은 발표의 스토리라인을 설계하는 것이자 발표의 강을 건너는 징검다리를 만드는 작업이라 할 수 있다.

PT 기획에서는 스토리보드 작성을 통해 목차를 정하게 되며 이때 하위 목차도 함께 구상한다. 하지만 PT의 목차를 정하는 것은 생각보다 단순하지 않다. 다음은 목차를 구성할 때 고려해야 할 사항이다.

❶ 목차에 기승전결을 담는다

- 서론, 본론, 결론처럼 시작과 끝이 한눈에 보이면 안정된 흐름을 느낄 수 있다. 창의적인 이이디어로 자신의 독특한 징검나리를 반늘어야 한다.

❷ 주위와 어울리게 목차를 구성한다

- 개별 목차는 멋지게 구성하더라도 전체적으로 어울리지 않으면 완성도가 떨어진다.

목차가 어울리지 않는 사례

1. 기업은 어떤 변화를 요구하는가?
2. 글로벌 기업의 IT혁신 사례
3. 우리는 어떤 도움을 줄 수 있는가?

▼

1. 미래의 기업은 어떤 변화를 요구하는가?
2. 글로벌 기업은 어떻게 IT혁신을 했는가?
3. IT 혁신을 위해 우리가 할 수 있는 것은 무엇인가?

③ 목차는 3~5개로 구성한다

- 청중은 단순한 것을 좋아한다. 목차를 너무 세분화하면 복잡해 보이고 정리가 안 된 것처럼 보인다.
- 3~5개 정도가 안정감을 준다.

세 가지 말하기

→ A
→ B
→ C

기억하기 좋아!

다섯 가지 말하기

→ A
→ B
→ C
→ D
→ E

나쁘지 않아!

일곱 가지 말하기

→ A
→ B
→ C
→ D
→ E
→ F
→ G

열심히 기억해야겠네~

목차 구성하기

구성 항목의 개수에 대해 좀 더 살펴보자. 비슷한 항목은 합치거나 중요하지 않은 것은 과감하게 생략해 5개를 넘지 않게 하는 것이 설명하기 좋고 기억하기에도 좋다. 전달하고 싶은 것이 많다 보면 내용이 많아지고 항목도 늘어나 발표 내용이 복잡해지기 쉽다. 중요하지 않는 내용은 과감하게 없애고 다른 항목과 합쳐 5개 이하로 만드는 것을 추천한다. 하위 그룹도 3단계 밑으로 내려가지 않는 것이 좋다. 하위 그룹으로 너무 깊게 들어가면 전체적인 구성이 복잡해져서 상위 그룹을 잃어버리기 쉽다. 또한 하위 항목이 한쪽만 많거나 적으면 균형감이 없어져서 좋은 구성이 될 수 없다.

구성이 한쪽으로 치우친 사례

균형 있는 구성 사례

제목과 목차는 튼튼한 골격을 만드는 작업이다. 제목과 목차가 어울려야 하고 세부 항목은 어느 한쪽으로 치우치지 않는 균형감이 있어야 한다.

목차 구성

"발전하는 것은 변화하는 것이다.
완벽해지려면 끊임없이 변화해야 한다."
To improve is to change: to be prefect is to change often
- 윈스턴 처칠(Winston Churchill)

Section 08

근거를 제시하고 사례로 말하라

코페르니쿠스(1473~1543)는 세계 최초로 지동설을 주장한 천문학자이다. 천동설이 당연하게 받아들여지던 시기에 지동설은 실로 혁명적인 주장이었고 종교계에 엄청난 파장을 일으키는 혁신적인 내용이었다. 하지만 아쉽게도 이러한 지동설을 지지할 수 있는 증거를 좀처럼 찾아볼 수 없었기 때문에 당시의 사회 통념으로는 받아들여지기 어려웠다.

시간이 지나면서 티코 브라헤, 갈릴레오 갈릴레이, 케플러, 뉴턴과 같은 학자들이 지동설을 뒷받침하는 증거를 하나씩 제시하면서 지동설은 일반적인 사실로 받아들이게 됐다.

근거 없는 주장은 공허한 메아리로, 사람들을 납득시킬 수 없고 오히려 큰 혼란만 초래한다. 발표자가 전달하는 내용도 근거와 데이터가 바탕이 돼야 한다. 근거 없이 잘한다는 말만 되풀이한다면 발표 내용에 대한 신뢰도가 떨어지고 이는 발표자의 이미지를 부정적으로 만든다.

경쟁 PT의 경우, 제품과 솔루션의 우수성을 강조하거나 기술력과 전문 인력을 확보하고 있다고 주장을 하는 경우가 많다. 당연히 이에 대한 근거가 제시돼야 한다. 경쟁 PT에서 사용할 수 있는 근거 제시 방법은 다음과 같다.

1. 시연(Demonstrations)

제품을 직접 눈으로 확인하고 사용해 볼 수 있어 실질적인 신뢰감을 얻을 수 있다. 발표 중에 시연이 가능하다면 발표의 분위기를 새롭게 하는 기회가 된다.

2. 인증(Certification)

공신력 확보에 효과가 크다. 전문 기관이나 국제 기관에서 획득한 인증은 객관성과 신뢰성이 우수해 제안 발표에서 많이 활용된다.

3. 신문기사(Facts)

일반인에게 많이 알려진 신문기사를 사용하면 공신력을 얻을 수 있다. 신문기사를 인용할 때는 일반 신문이든 업종 전문 신문이든 상관없지만, 인지도가 높은 신문이 신뢰도가 높다.

4. 예시(Example)

예시는 청중이 발표 내용을 이해하는 데 많은 도움이 되며 준비하기가 쉽다.

제안에서 많이 활용하는 방법으로 산출물의 단면을 보여 줘 전체를 짐작하게 만든다.

5. 전시(Exhibits)

실물을 확인하기에는 편리하지만, 별도의 공간이 확보돼야 한다. 그뿐 아니라 전시를 위해 준비할 사항이 있다면 고객과 협의해야 한다. 전시는 규모와 범위에 따라 차이가 크기 때문에 발표의 성격과 효과 측면에서 검토가 필요하다.

6. 증언(Testimonies)

전문성, 인지도 높은 사람의 증언일수록 효과가 크다. 고객사의 경영층이나 동종 업계의 증언을 활용해 좋은 평판을 부각시킬 수 있다.

7. 통계 자료(Statistics)

논리적이고 객관적인 접근이 가능하다. 제품이나 솔루션의 성능 실험 결과나 통계 자료를 활용하면 효과는 크지만 자료를 수집하기가 어렵다.

8. 정의(Definitions)

단독적으로 사용하기에는 효과가 떨어진다. 이론적이고 학술적인 것에서 많이 활용되며 다른 증거 제시 방법과 결합하면 효과적이다.

데이터 기반의 실증적인 근거를 제시할 때 청중은 발표 내용에 신뢰한다. 여기서 소개하는 8가지 방법을 활용해 주장에 대한 근거를 제시해 보자.

발표의 특성과 시간, 발표 장소를 고려해 적절한 근거 제시 방법을 활용한다면 청중의 신뢰를 얻을 것이다.

주장은 EVIDENCE 가 필요해!

Section 09

다양한 시청각 자료를 활용하라

제안 발표는 발표자와 시청각 자료로 이뤄져 있다. 시청각 자료는 발표자를 보조하며 전달할 내용을 시각화함으로써 이해력을 높이는 기능을 한다. 주로 활용하는 시청각 자료는 슬라이드웨어(Slideware)이다. 슬라이드웨어는 사진, 그림, 동영상, 도식, 텍스트를 보여 주는 데 유용한 프레젠테이션 도구로, 발표의 흐름을 쉽게 파악할 수 있게 해 준다. 슬라이드웨어는 제품별로 특성이 있지만, 화면 전환이나 동적인 효과를 제공하고 있어 이를 잘 활용하면 청중의 시선을 쉽게 사로잡을 수 있다. 다음은 일반적으로 많이 사용하는 슬라이드웨어 제품들이다.

파워포인트(PowerPoint)

파워포인트는 마이크로소프트 사의 마이크로소프트 오피스 시스템에서 개발한 프레젠테이션 소프트웨어이다. 학교와 기업에서 널리 쓰이고 있으며 프레젠테이션에서 활용하는 동영상이나 음성 파일을 실행시킬 수 있다. 1990년부터 주기적으로 새로운 버전을 출시하고 있으며 지속적으로 새로운 기능을 추가하고 있다.

키노트(keynote)

키노트는 애플이 개발한 프레젠테이션 소프트웨어로, 아이워크(iWork) 오피스 프로그램 중 하나다. 스티브잡스가 맥 월드 엑스포 기조 연설에서 사용하기 위해 만들었으며 그래픽 처리가 뛰어나 그래픽을 전문적으로 처리하는 사람들이 많이 사용한다. 화면 전환이나 정교한 기능을 활용하면 파워포인트만 사용하던 사람에게 새로운 느낌을 줄 수 있다.

프레지(Prezi)

클라우드 기반의 프레젠테이션 도구이다. 프레지라는 이름은 프레젠테이션의 앞부분에서 따온 말이며 줌(Zoom) 효과로 화면을 전환하는 인터페이스(Zoomable User Interface)로 잘 알려져 있다. 프레지는 사용하기 쉽고 전체의 모습을 보여 주며 흐름을 이어가는 기능이 탁월하다. 누구나 단시간 내에 활용할 수 있고 이야기를 풀어가기는 좋지만 화면의 움직임이 큰 것이 단점이다.

발표의 용도나 내용의 특성에 따라 적절한 제품을 선택해 활용할 수 있지만, 사전에 충분한 검토가 필요하다. 발표장 환경의 제약사항은 없는지, 발표 관련 금지사항은 없는지 등을 점검해야 한다. 사전 점검을 소홀히 하면 열심히 준비한 자료를 활용하지 못하는 참사가 발생할 수 있다.

시청각 자료는 단순히 슬라이드웨어에 국한할 필요는 없다. 다음은 슬라이드웨어 외에 전달력을 높이는 방법이다.

- 제품 시연
- 인터뷰
- 패널 토의
- 화상 통화
- 청중과 커뮤니케이션
- 동영상 자료 활용

이런 방법들은 스티브잡스가 프레젠테이션을 할 때 많이 사용하던 방법이다.

스티브 잡스는 2007년 1월 맥 월드에서 프레젠테이션을 할 때 구글 맵(Map)으로 직접 커피를 시키면서 스마트폰의 다양한 기능을 시연했는데 이때 청중의 반응은 뜨거웠다.

시청각 자료는 상황에 따라 적절히 활용하면 기대 이상의 효과를 얻을 수 있다. 경쟁 PT에서 제품 시연, 영상 통화, 인터뷰는 시각적인 효과를 높이고 청중의 공감을 이끌어 내기에 효과적인 방법이다.

발표 시작에 앞서 임원이 모두(冒頭) 발언을 할 수도 있고 해외의 전문 솔루션 업체의 엔지니어와 컨퍼런스 콜을 진행할 수도 있다. 슬라이드웨어에 국한하지 않고 좀 더 마음을 열고 찾아보면 전달력을 높이는 방법을 다양하게 발굴할 수 있다.

Section 10

청중의 입장에서 자료를 준비하라

조선총독부 건물을 국립중앙박물관으로 활용했던 때가 있었다. 이 건물은 일제 치하에 있을 때 일본이 사무 공간 부족으로 1926년에 경복궁 흥례문 구역을 철거한 곳에 신청사를 건립한 것이다. 제2차 세계대전에서 일본 제국이 패망하고 1948년에 대한민국 정부가 수립되자 대한민국 정부는 이 건물을 청사와 박물관으로 활용했다. 하지만 1995년에 일제 강점기의 잔재 청산을 이유로 이 건물을 해체했다.

구 국립중앙 박물관

이는 그 건물이 아무리 자산적 가치나 건축학적 의미가 있다 하더라도 역사 바로 세우기와 민족의 정기를 바로잡는 데 방해가 된다고 판단했기 때문이다. 건축물의 가치와 역사적 의미의 충돌이 발생했지만 해체냐 보존이냐를 판단하는 기준에서 역사적 의미에 더 큰 비중을 뒀던 것이다.

우리의 일상은 늘 선택의 연속이다. 선택을 잘하지 못하면 일이 커지고 작은 선택이 큰 일을 망치는 경우도 종종 발생한다. 이때 필요한 것이 '기준'과 '원칙'이다. 시각 자료를 준비할 때도 선택의 기로에 서는 경우가 발생한다. 특히 중요한 발표를 준비하는 경우에는 혼자가 아닌 팀 단위로 발표를 준비하므로 의견 충돌이 발생하기 마련이다.

발표 자료를 작성할 때 많이 하는 질문은 다음과 같다.

"이 내용을 추가해야 하나요?"

"이 이미지는 이렇게 작성하는 것이 맞나요?"

"내용이 너무 복잡한가요?"

사람들은 각자 다른 견해를 갖고 있기 때문에 같은 프레젠테이션을 보더라도 보는 사람에 따라 다르게 생각하고 발표에 대한 느낌도 서로 다를 수 있다. 하지만 발표 준비를 할 때도 기준과 원칙은 있다. 그것은 바로 발표를 보고 듣는 청중이다.

'청중은 어떻게 생각할까?'
'청중이 쉽게 이해할까?'
'청중에게 어떠한 영향을 미칠까?'

발표를 준비할 때 청중을 기준으로 판단하면 많은 것이 쉽게 풀린다.

또 하나의 기준은 전달하려는 메시지와의 연관성이다.

'전달하려는 메시지에 도움이 되는가?'
'전달하려는 내용의 흐름에 방해가 되지 않는가?'

발표를 준비하는 과정에서 정성을 들여 준비한 자료는 포기하기 어렵지만 발표의 흐름에 방해가 된다고 생각하면 수정하거나 과감하게 삭제해야 한다. 발표를 준비하는 과정에서 선택을 해야 할 일이 생겼을 때 청중과 전달 메시지를 기준으로 판단하면 좀 더 선택하기가 쉬워지고 실수도 줄일 수 있다.

고객은 왕이다

Section 11

발표 자료는 못 먹어도 3GO

발표 자료가 가독성이 높고 내용의 흐름이 자연스러우면 발표자는 쉽고 편안하게 발표할 수 있으며 청중은 이해하기가 쉬워 발표에 대한 집중력이 높아진다. 자료의 가독성을 높이고 자연스러운 흐름을 만들기 위해 제안 현장에서 활용하는 세 가지 원칙을 소개한다.

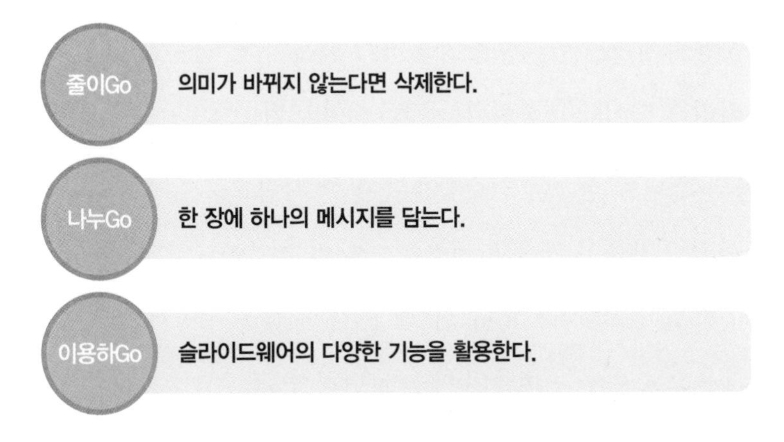

줄이GO

훌륭한 골프 선수의 스윙은 매우 단순하다. 좋은 글은 군더더기 없이 핵심이 잘 드러나고, 잘 알려진 명언은 짧고 간결하다. 『어린 왕자』의 저자 생텍쥐베리는 다음과 같이 강조한다.

"완벽함이란 더 이상 보탤 것이 없을 때가 아니라 더 이상 뺄 것이 없을 때 이뤄진다."

사회가 점점 복잡해지면서 단순함이 경쟁력이 되고 있다. 세계적인 소설가 마크트윈은 한 출판사에서 두 페이지 단편을 써 달라는 요청을 받고 다음과 같이 답했다고 한다.

"30페이지 분량의 단편을 쓰는 것은 이틀이면 가능하지만 2페이지 분량의 단편은 30일이 필요하다."

그만큼 단순하게 압축하는 것이 어렵다는 것을 의미한다. 기업이 제품을 개발할 때도 단순하게 만드는 것은 경쟁력을 갖추기 위한 필수 요소이다. 기능이 단순하면 생산 단가가 낮아지고 고장이 적을 뿐 아니라 사용자에게는 편리성을 제공하기 때문이다. 단순함은 덜 중요한 것을 버리고 핵심에 집중한다는 것을 의미한다.

애플의 스티브 잡스는 단순함을 신봉한 사람으로 유명하다. 애플에서 출시되는 제품은 제품의 기능뿐 아니라 제품 이름까지도 단순함을 추구하고 있다. 그러다 보니 한 번 애플 제품을 사용해 본 소비자가 타사 제품으로 바꾸는 비율이 매우 낮다고 한다.

“시각 자료는 단순화 작업으로 완성된다.
단순한 것을 복잡하게 말하기 위해서는 교육을 받아야 하지만
복잡한 것을 단순하게 말하기 위해서는 현명해야 한다.”

- 찰스 촙(Charles Tschopp)

발표를 할 때 청중이 자료를 쉽게 이해하기 위해서는 단순화 작업이 필수이다. 하지만 자료 작성에 있어서도 단순화 작업은 쉬운 일이 아니다. 자료를 단순하게 만든다는 것은 자료를 없앤다는 개념보다 반드시 있어야 할 것을 작성한다는 의미이기 때문에 내용을 정확히 파악하고 있어야 가능하다. 단순함은 본질과 핵심에 집중한다는 것을 의미한다. 본질과 핵심은 여러 번 반복되는 작업을 통해 드러난다.

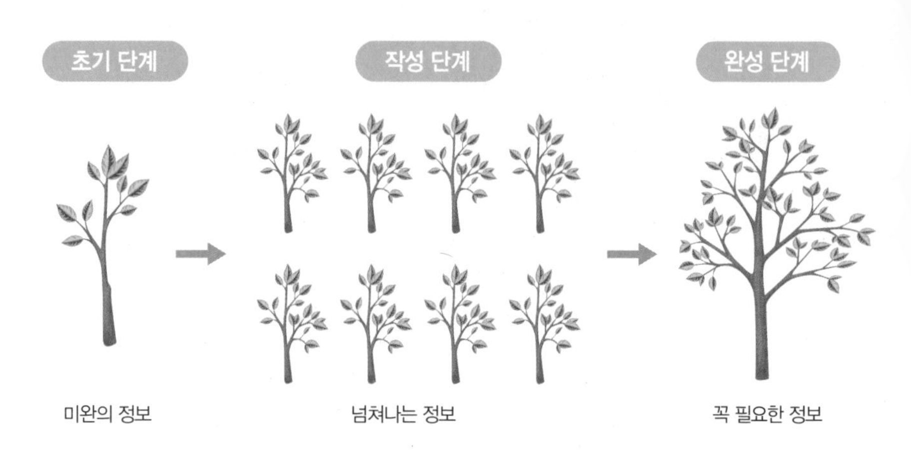

나누GO

발표 자료를 작성할 때 또 하나 강조하는 것이 'One Slide, One Message'이다. 왜 한 장에 하나의 메시지를 담으라고 강조할까? 한 슬라이드에 2개의 메시지, 3개의 메시지를 담으면 어떤 문제가 발생할까? 결론적으로 말하면 청중에게 내용이 잘 전달되고 이야기하듯이 자연스럽게 흘러가기 위해서는 'One Slide, One Message' 가 필요하기 때문이다. 발표 현장에서 많은 발표 자료를 보면서 하나의 메시지를 하나의 슬라이드에 작성하는 것이 얼마나 중요한지를 체감할 수 있었다. 'One Slide, One Message'를 강조하는 이유는 청중의 집중력을 분산시키지 않기 때문이다. 선택의 폭이 넓은 것은 좋은 것이지만, 항상 그렇지는 않다. 하나의 접시에 여러 개의 과일이 있는 경우에는 모든 과일을 응시하지 한 개의 과일을 응시하지는 않는다. 하지만 접시에 한 개의 과일이 있다면 오로지 하나의 과일에만 집중하게 된다.

여러 개의 과일로 시선 분산

하나의 과일로 시선 집중

'One Slide, One Message'는 발표의 흐름을 친절하게 안내하는 중요한 역할을 한다.

프린스턴 대학의 심리학자 조지 A. 밀러는 그의 논문에서 성인의 기억 범위는 약 7개 항목이라고 밝혔다. 하나의 메시지 구성을 위해서는 평균 5개의 구성 요소가 필요하고 2개의 메시지를 전달하기 위해서는 10개의 기억 요소가 필요하다고 한다.

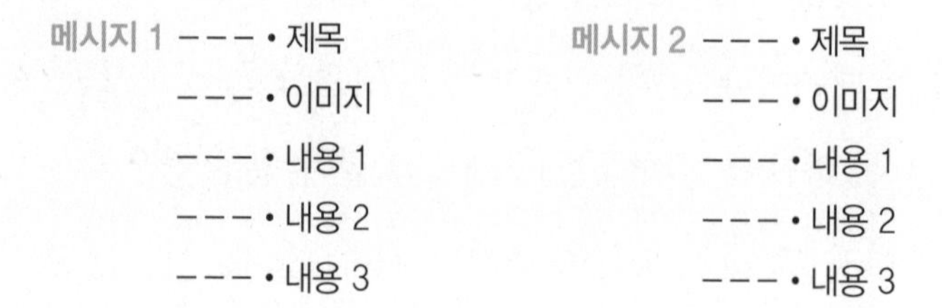

2개의 메시지는 10개의 구성 요소로 기억의 한계 초과

이러한 내용으로 볼 때 두 가지의 메시지는 청중을 혼란에 빠뜨리기에 충분하다.

'One Slide, One Message'는 스토리텔링을 위한 도구이다. 마케팅이나 홍보에서 전략적으로 많이 사용하던 스토리텔링 기법이지만, 이제는 발표에서도 스토리텔링이 많이 활용되고 있다. 스토리텔링은 이야기의 흐름이 마치 물이 흘러가는 것처럼 자연스럽게 연결돼야 한다. 한 개의 슬라이드에 한 개의 메시지를 담으면 그 흐름이 명확해지지만 한 개의 슬라이드에 두 개 이상의 메시지를 담으면 흐름을 파악해야 하는 번거로움이 발생한다.

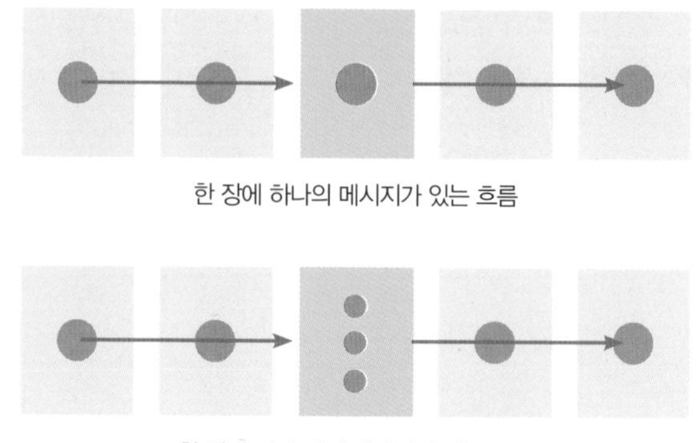

한 장에 하나의 메시지가 있는 흐름

한 장에 여러 개의 메시지가 있는 흐름

여러 메시지를 담으면 흐름이 복잡해져서 청중뿐 아니라 발표자도 하나의 일관된 흐름을 유지하기가 어렵다. 청중의 주의력은 분산되고 이러한 분위기는 고스란히 발표자에게 전달된다. 하나의 이야기를 듣는 동안 다른 내용이 눈에 들어오면 마치 하나의 영화가 상영되면서 옆에 다른 영화의 예고편이 보여지는 것과 마찬가지이다.

One Page One Message 개선 사례

행정 업무 시스템의 특성

행정 업무의 시스템 특성을 설명하기 위한 자료를 위와 같이 한 장으로 구성한 경우에는 다섯 가지 내용이 모두 보여지므로 개별 내용을 설명할 때 청중의 시선이 분산돼 발표자의 설명에 집중하기 힘들어진다. 이 문제를 해결하기 위해서는 하나의 페이지에 하나의 메시지를 담는 것이 좋다. 개선 사례를 살펴보자.

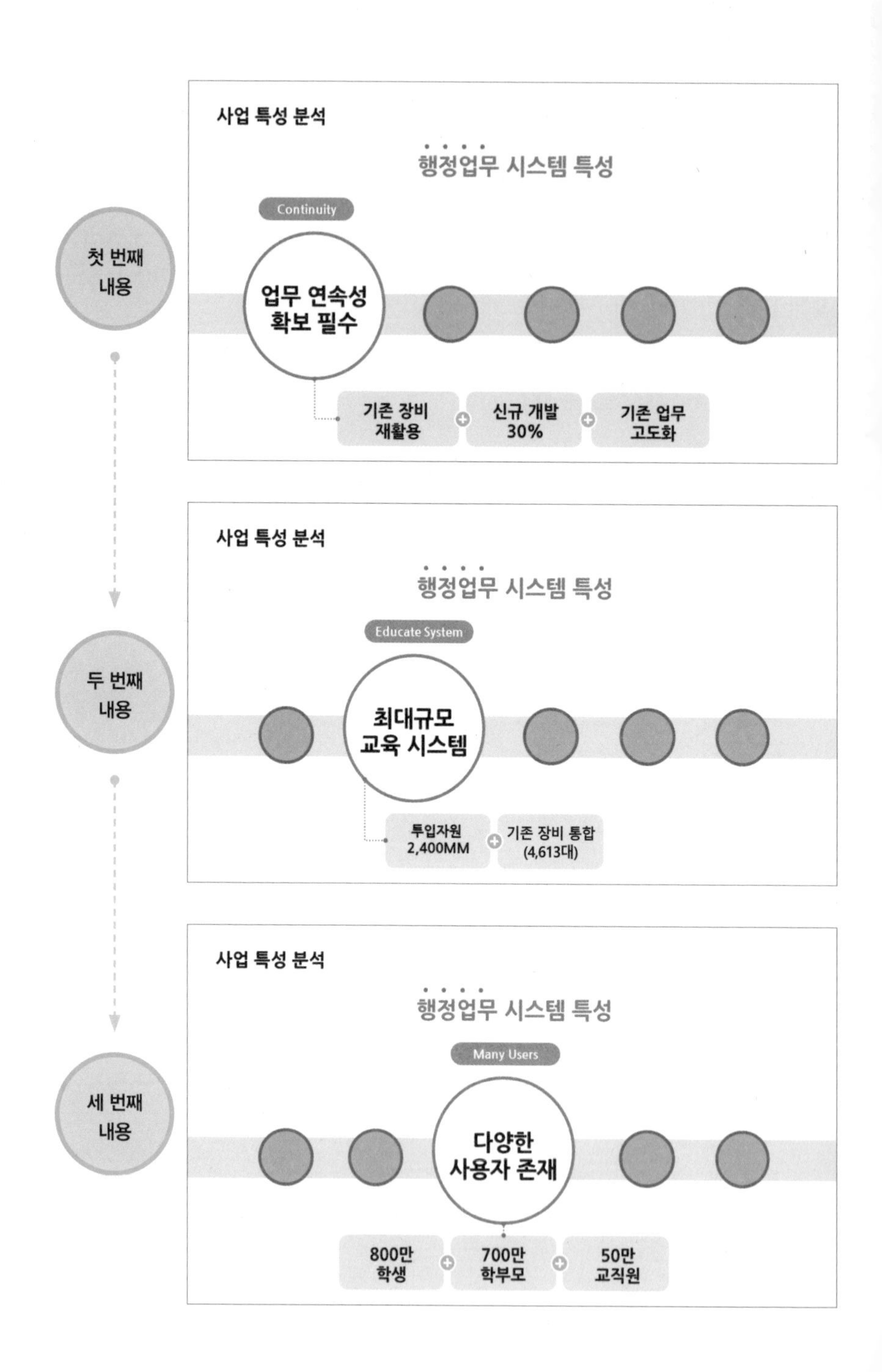
첫 번째
내용
사업 특성 분석
행정업무 시스템 특성
Continuity
업무 연속성
확보 필수
기존 장비
재활용
신규 개발
30%
기존 업무
고도화
두 번째
내용
사업 특성 분석
행정업무 시스템 특성
Educate System
최대규모
교육 시스템
투입자원
2,400MM
기존 장비 통합
(4,613대)
세 번째
내용
사업 특성 분석
행정업무 시스템 특성
Many Users
다양한
사용자 존재
800만
학생
700만
학부모
50만
교직원

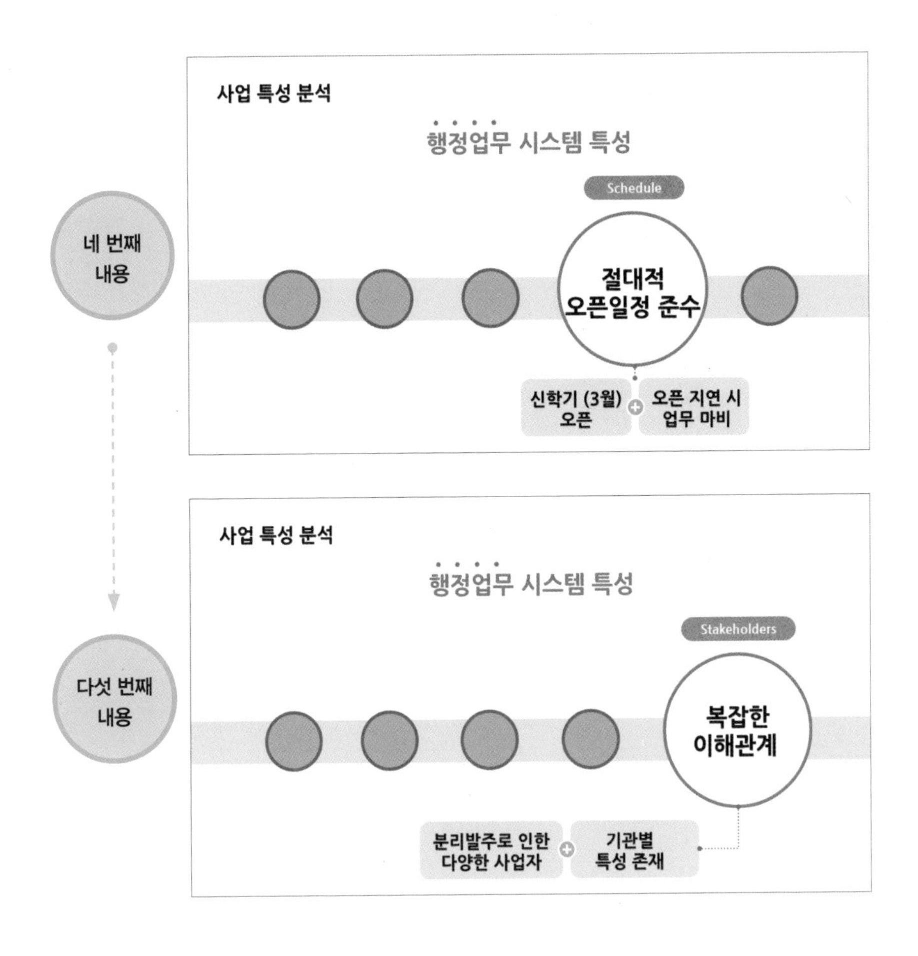

'One Slide, One Message'는 스토리텔링을 위해 양보할 수 없는 부분이다.

이용하GO

자료의 가독성을 높이는 또 다른 방법은 슬라이드웨어의 기능을 최대한 활용하는 것이다. 비즈니스 프레젠테이션에서 발표 자료는 교양이나 생활 PT와 달리 발표 자료가 복잡하고 글자의 밀집도가 높은 경우가 많다. PT용 자료를 만드는 방법을 몰라서 그럴까? 방법을 잘 몰라서라기보다는 오히려 배포용과 발표 자료의 두 가지 용도를 모두 충족시키려는 의도가 있고 사업 경쟁 PT인 경우에는 문서로서의 역할도 일정 부분 담당하기 때문이다. 자료 작성의 원칙을 아무리 강조해도 이런 저런 이유로 자료의 밀집도가 높아져야 한다면 보완책을 찾을 수밖에 없다. 글자 밀집도가 높은 경우에는 슬라이드웨어의 기능을 활용해 보완할 수 있다. 자료가 복잡하면 시선을 어디에 둬야 할지 모르고 흐름을 파악하기 어렵다는 단점이 있다. 이를 보완하는 다양한 애니메이션 효과를 알아본다.

나타내기 효과

여러 페이지에 나눠서 작성할 내용을 한 장으로 작성하여 보여 줘야 할 때 사용하면 효과가 좋다. 적절한 애니메이션 활용은 프레젠테이션을 역동적으로 보여 준다. 애니메이션 기능에는 여러 가지가 있지만, 화면의 일부분이 시차를 두고 나타나게 하거나 사라지게 해 설명의 흐름을 통제할 수 있도록 지원한다. 이러한 기능은 'One Slide, One Message'의 효과를 제공하지만, 과도한 애니메이션의 사용은 오히려 집중력을 떨어뜨릴 수 있으므로 절제된 사용이 필요하다.

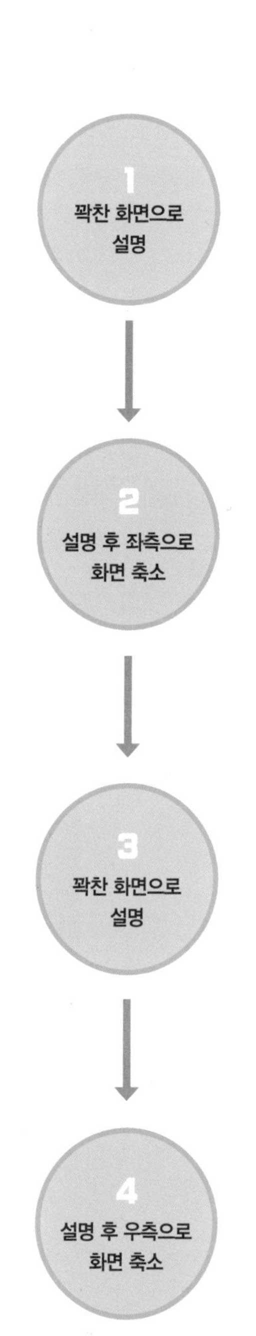
1
꽉찬 화면으로
설명
2
설명 후 좌측으로
화면 축소
3
꽉찬 화면으로
설명
4
설명 후 우측으로
화면 축소

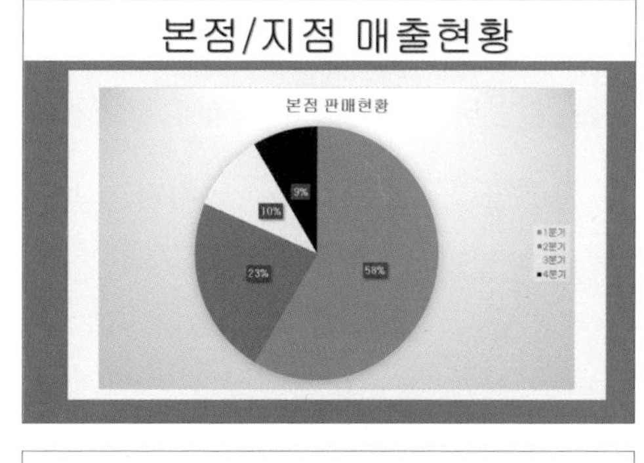
본점/지점 매출현황
본점 판매현황
9%
10%
23%
58%

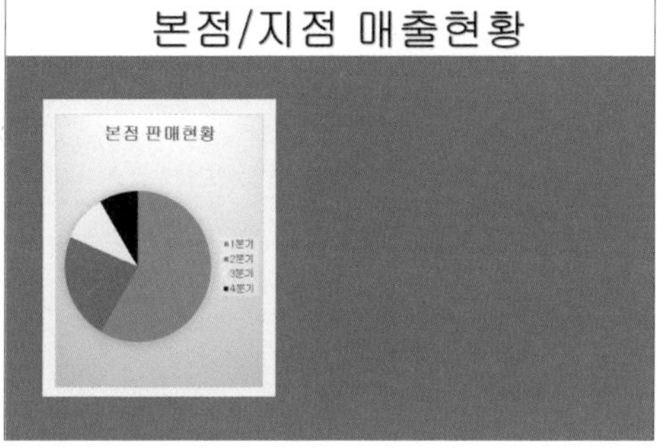
본점/지점 매출현황
본점 판매현황

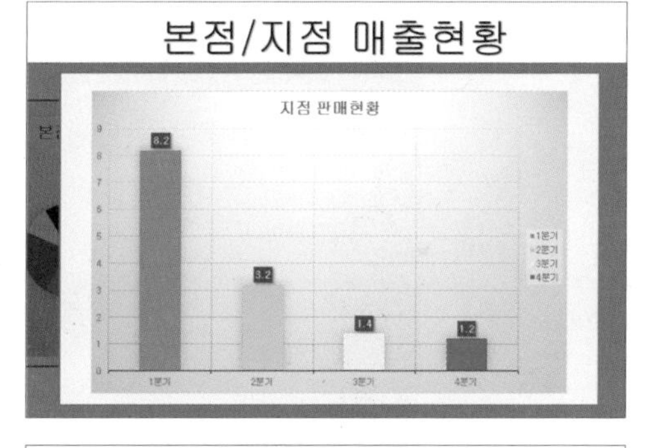
본점/지점 매출현황
지점 판매현황
8.2
3.2
1.4
1.2

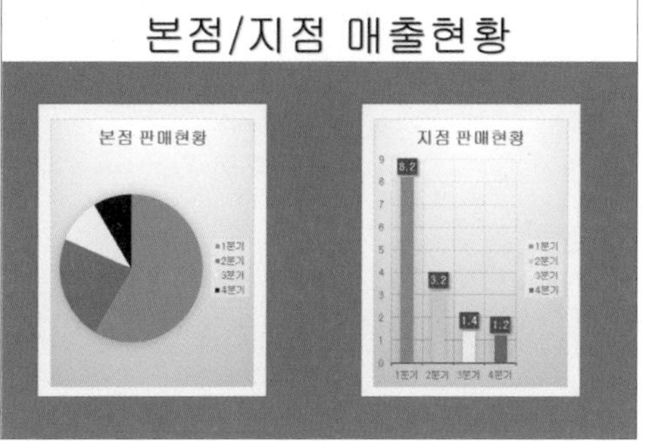
본점/지점 매출현황
본점 판매현황
지점 판매현황
8.2
3.2
1.4
1.2

나타내기 효과 예시

팝업 효과

자료를 설명하는 도중 특별하게 강조하고 싶은 내용은 팝업(Popup) 효과를 활용한다. 제품의 특장점이나 기대 효과, 사례를 설명할 때 팝업 효과는 유용하다.

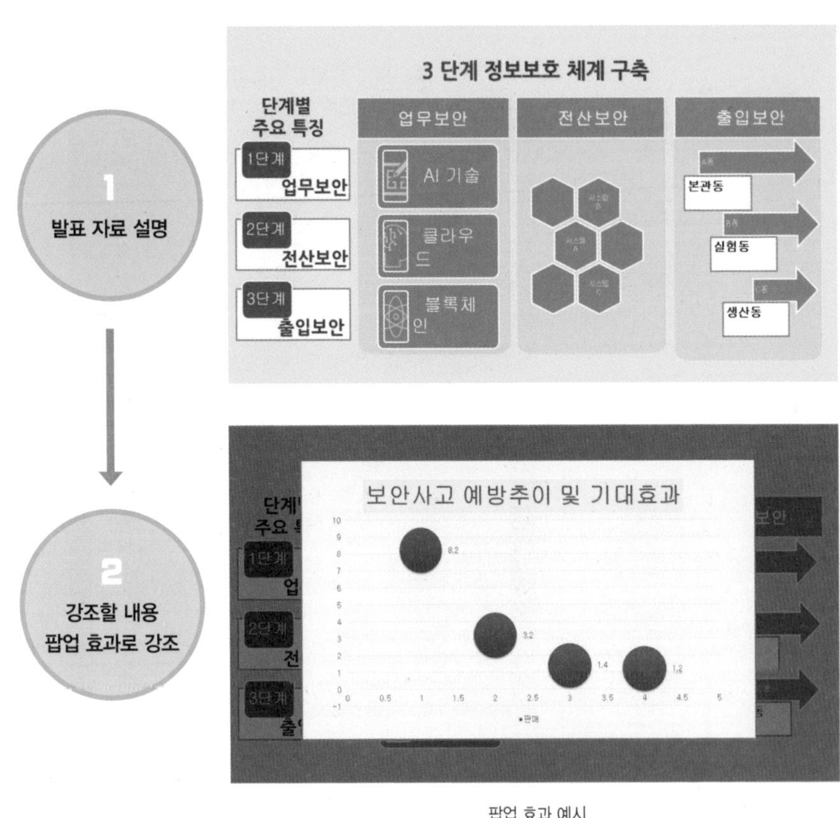

팝업 효과 예시

돋보기 효과

글씨가 많으면 청중이 내용을 모두 읽지 못한다. 복잡한 구성도인 경우에는 모두 이해하기 어렵고 보고 싶어하지도 않는다. 이런 경우에는 핵심이 되는 도식이나 중요한 부분만을 선별해 설명하는 것이 좋다. 설명하려는 부분을 돋보기로 화면을 보는 것과 같이 확대해 설명하면 가독성이 높아진다.

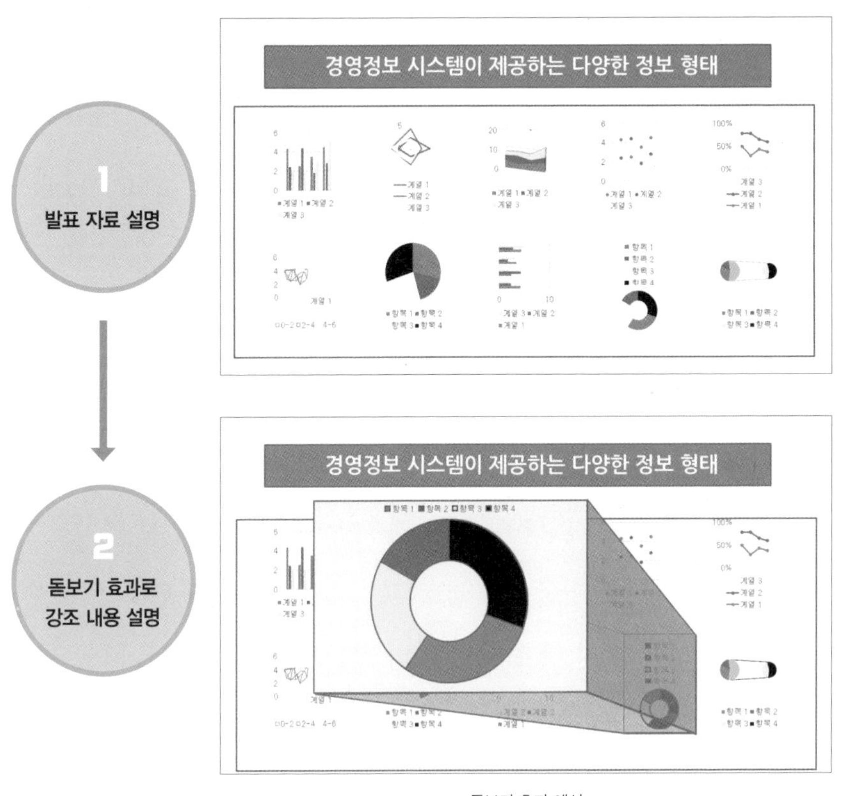

돋보기 효과 예시

슬라이드웨어의 기능을 활용하는 목적은 청중에게 발표의 흐름을 놓치지 않도록 하고 강조 포인트가 드러나도록 하기 위한 것이다. 시각적인 부분만 치우치면 본연의 목적인 내용 전달이 손상될 수 있으므로 주의해야 한다.

Section 12

발표 자료는 원칙을 갖고 검토하라

발표 자료는 짧은 기간 많은 사업 범위를 준비해야 하기 때문에 제안 팀원이 공동으로 작성해야 하는 경우가 많다. 그러다 보니 여러 사람이 작성한 자료를 취합하고 검토하는 과정을 거치게 된다. 발표 자료의 완성도가 높으면 발표자는 좀 더 편안하게 발표를 할 수 있을 뿐 아니라 전달 효과도 높아진다. 하지만 양질의 발표 자료를 작성하기 위해서는 여러 번 검토하고 보완하는 작업을 거쳐야만 한다.

PT 자료 검토는 발표자뿐 아니라 제안과 관련된 여러 부서의 담당자가 참여해 각자의 입장에서 발표 자료를 검토한다. 예를 들어 손익 담당자는 손익 측면에서 검토하고 품질 담당자는 품질 측면에서 검토한다.

발표자도 발표자 관점에서 자료의 흐름이 발표에 적절한지, 핵심 내용이 드러나게 작성됐는지 점검해야 한다.

다음은 자료를 검토할 때 빠지지 않고 등장하는 지적 사항이다.

'글자가 작아 가독성이 떨어진다.'
'도식이 너무 복잡하다.'
'유사한 색상을 사용해서 강조하는 것이 잘 드러나지 않는다.'

자료를 검토할 때 중요하지 않은 항목은 없다. 하지만 자료 검토에도 우선순위는 있다. 메시지가 없거나 메시지를 보조하는 내용이 부실한 상태에서 시각적인 부분을 먼저 개선하는 것은 실속 없이 화려하게 겉치장에만 신경을 쓰는 것과 같다. 자료의 내용이 부실하면 다시 자료를 작성해야 하며 이때는 시각화 작업이 헛수고가 된다.

자료를 검토하는 이유는 PT 기획 의도와 일치하는지 여부와 발표에 적절한지를 점검하기 위함이다. 자료 검증의 순서는 PT 자료 작성 때와 동일하다.

자료 검증 순서

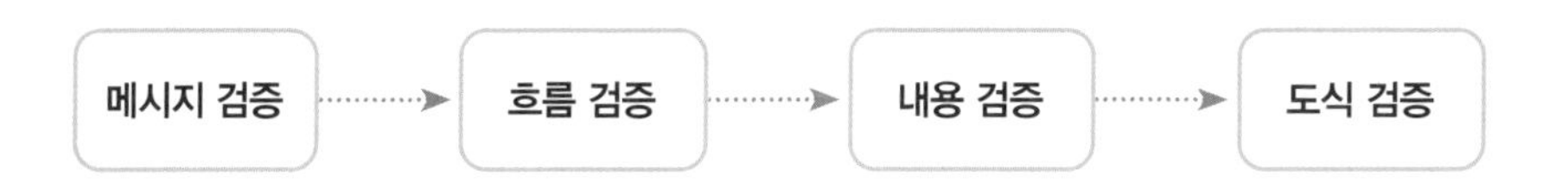

자료 작성 순서

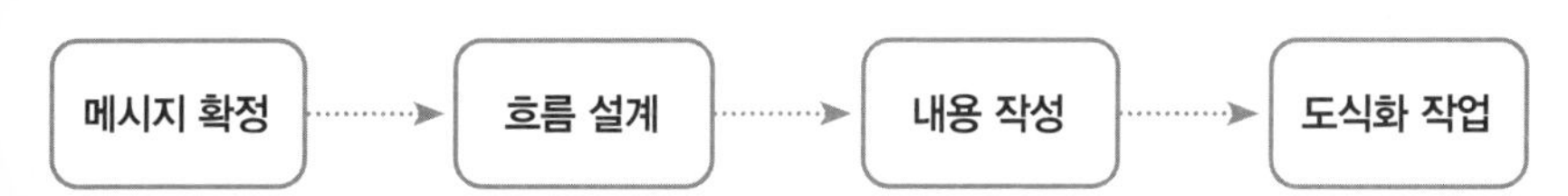

발표자 측면에서 PT 자료를 검토하는 목적은 다음과 같다.

의도했던 메시지가 담겼는가?

발표의 흐름은 자연스러운가?

페이지별로 의도한 내용이 담겼는가?

페이지 내 흐름은 발표하기에 자연스러운가?

자료의 가독성은 좋은가?

PT 자료 검증에 참여하기 위해서는 PT 기획 의도와 제안사가 강조할 내용이 무엇인지 먼저 파악하고 있어야 한다.

PT 기획 의도와 전달해야 할 메시지를 알고 있지 않으면 형식에 치우친 자료 검토가 되기 쉽다. 발표 자료의 검토 방법을 구체적으로 살펴보자.

내용이 일관성을 유지하고 있는가?

제안 발표에 사용되는 재료는 어느 정도 한정돼 있다. 주로 사용하는 새료는 사업의 이해, 사업 성공 요소(Critical Success Factor), 추진 전략(추진 방향), 수행 방안, 내용 요약, 맺음말이다. 사업을 이해하기 위해서는 고객사 현황, 경쟁사 분석, 기술 동향, 자사 분석 항목이 포함될 수 있고 핵심 성공 요소는 프로젝트를 수행할 때 기본이 되는 원가, 인력, 일정, 수행 체계와 관련된 내용이 될 수 있으며 기술 역량이나 유사 사업 경험이 포함될 수도 있다. PT의 스토리라인은 이들의 재

조합이나 배열에 의해 조정될 수 있지만, 전달 내용은 일관성 있게 유지돼야 한다.

예를 들어 도입부에서 제안사의 강점이 기술력이라고 했다면 발표가 끝날 때까지 일관성 있게 제안사의 강점이 기술력이라고 해야 한다. 발표를 시작할 때 제안사는 기술력이 우수하다고 강조하고 뒤에서 실행력이 우수하다고 강조하면 일관성이 결여돼 청중은 혼란스러워진다. 이와 같이 PT 자료를 검토할 때는 고객의 고민거리나 사업 성공 요소, 핵심 전달 메시지를 일관성 있게 전달하고 있는지 점검한다.

내용이 논리적으로 연결됐는가?

발표에 기승전결이 있듯이 발표 자료 역시 기승전결이 있다. 기승전결을 이루는 소재들은 서로 논리적인 연결고리가 단단해야 한다.

발표 자료를 검토하다 보면 내용의 연결이 논리적으로 맞지 않는 경우가 있다. 고객 현황 및 문제점, 기술 동향 및 기술 트렌드, 사업 성공 요소, 제안사의 역량은 프로젝트 과제와 관련이 있어야 한다. 예를 들어 'IT 시스템의 클라우드 전환 사업'을 제안하는 발표에서 기술 동향이나 트렌드를 설명하는 영역에 '빅데이터'나 '블록체인'에 대한 기술 트렌드를 소개하는 것은 적절하지 않다. 당연한 것인데도 막상 제안 작업을 시작하면 프로젝트 과제와 관련없는 내용을 불필요하게 설명하는 경우가 발생한다.

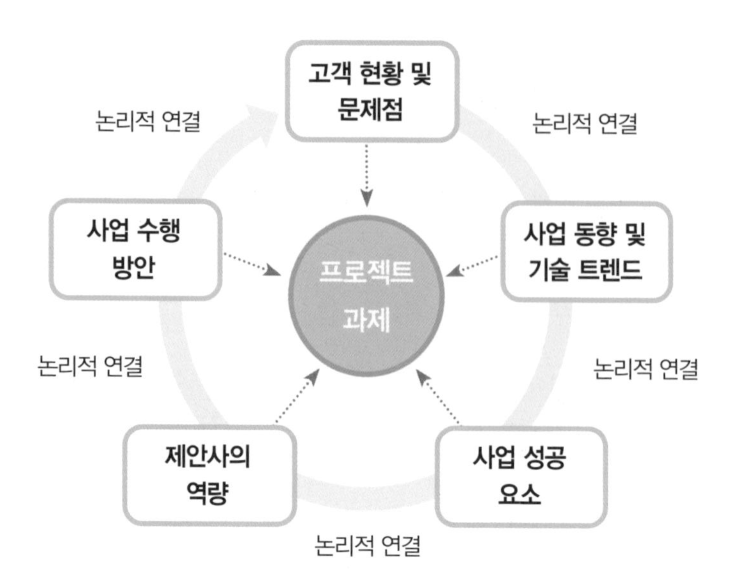

또한 고객 현황 및 문제점, 사업 동향 및 기술 트렌드, 사업 성공 요소, 제안사의 역량은 사업 수행을 성공적으로 수행하기 위한 설명이므로 이들 간에도 논리적인 연결 고리가 있어야 한다.

예를 들어 제안사의 역량은 사업 성공 요소와 연결돼야 하며 사업 성공 요소는 사업 수행에 필요한 요소여야 한다. 이 또한 당연한 말이지만, 실제로 제안 작업에 들어가면 불일치하는 경우가 빈빈하게 발생힌다.

논리적인 연결이 부자연스러우면 청중(평가위원)은 발표의 흐름을 답답해 하고 발표 내용을 신뢰하지 않게 된다. 발표 자료를 검토할 때는 내용의 일관성뿐 아니라 내용의 논리적인 연결도 중점적으로 점검해야 한다.

발표하기 적절하게 내용이 작성됐는가?

발표 자료는 여러 장으로 구성되고 전달하려는 메시지와 흐름을 지니고 있다. 이와 마찬가지로 개별 장 내에서도 전달하려는 내용이 있고 흐름이 있다.

발표 자료를 통합적으로 검토했으면 개별 장별로도 작성이 적절하게 이뤄졌는지 점검해야 한다. 다음의 발표 자료 예시를 살펴보자.

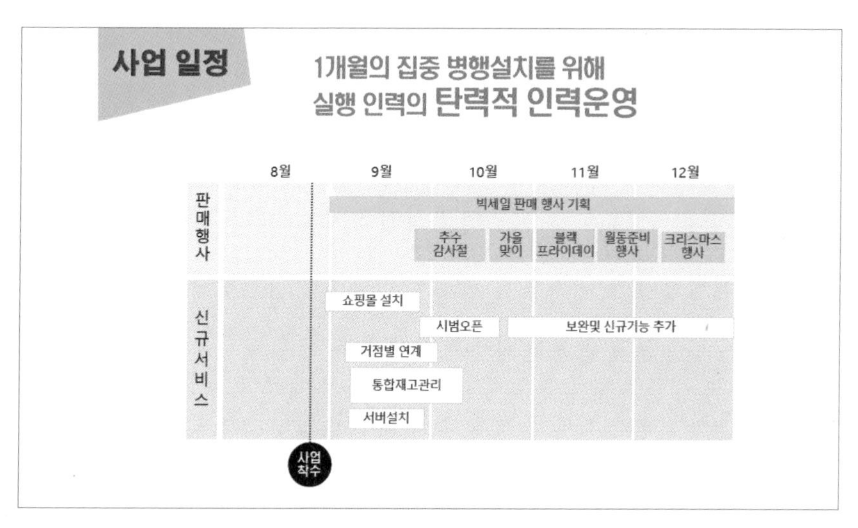

사업 일정 자료(개선 전) 예시

이 자료는 사업 일정을 설명하는 것이고 머리글은 1개월 동안 장비를 집중적으로 설치하기 위해 실행 인력을 탄력적으로 운영하겠다고 했지만, 자료에는 수행 항목과 일정만 담겨 있을 뿐, 전달하려는 내용과 어울리게 작성되지 않았다.

발표 자료는 전달하려는 내용이 명확하게 표시돼 있어야 발표자가 설명하기 좋고, 청중이 이해하기도 쉽다. 다음은 개선된 자료이다.

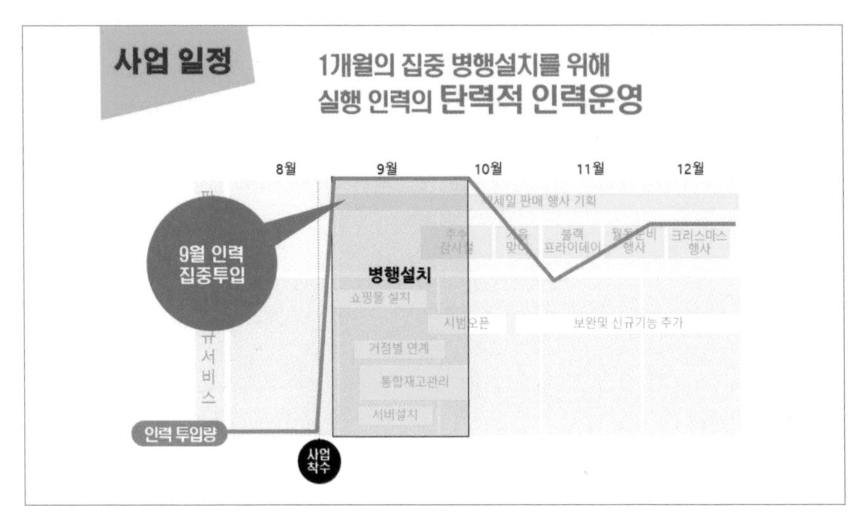

사업 일정 자료(개선 후) 예시

사업 일정을 먼저 설명하고 탄력적인 인력 운영을 에니메이션 효과와 함께 설명한다면 머리글의 내용과 일치되어 발표 자료만 참조해도 발표자는 부담 없이 발표를 할 수 있게 된다.

이렇게 발표 자료 검토를 통해 발표에 적합하게 만드는 작업은 발표자의 발표 연습 시간을 줄여줄 뿐 아니라 발표에 대한 부담을 줄여 준다. 이와 반대로 발표자가 적극적으로 발표 자료 검토에 참여하지 않으면 발표 연습 시간도 많이 소요되고 원하는 수준의 발표가 어려워진다.

더 알아보기

자료 검토의 인지 요소와 영향도

자료 검토에는 형식, 내용, 메시지가 있으며, 형식에서 메시지로 갈수록 내용 파악이 잘돼 있어야 한다.

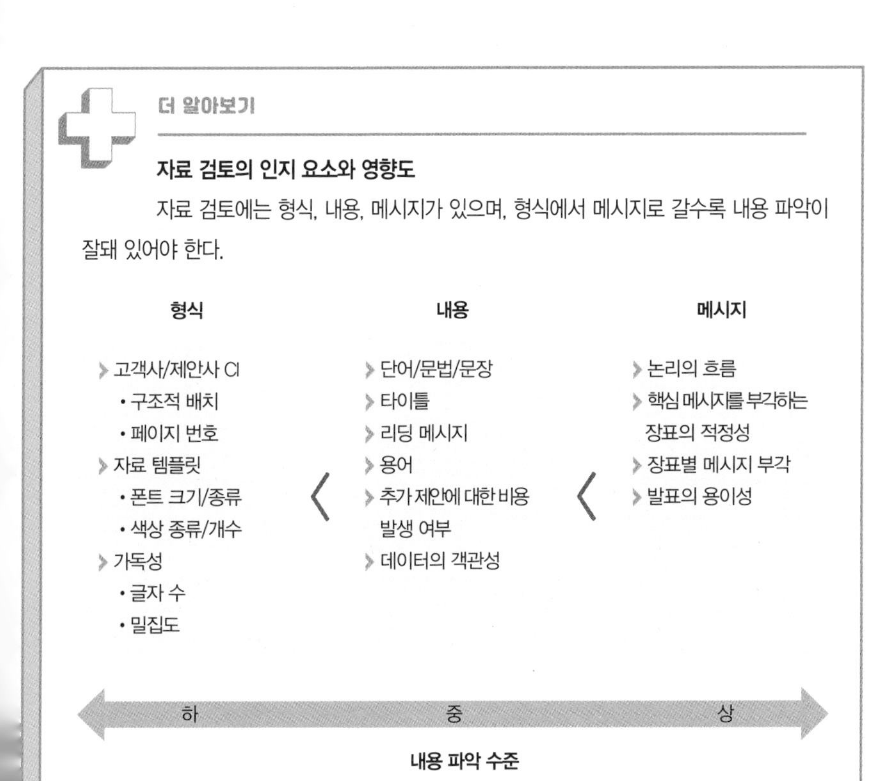

Section 13

손쉽게 발표 자료를 검토하는 방법

규모가 큰 사업의 입찰을 준비하는 경우에는 사업 범위가 넓어 제안 PM이 해야 할 일도 늘어날 수밖에 없다. PM이 해야 할 일이 많아지면 발표 자료에 대해서도 사전에 충분히 검토가 이뤄지지 못하는 경우가 발생한다. 자료를 작성하는 사람은 내용의 누락 없이 작성하는 것에 치중하기 쉽고 발표의 흐름을 고려해 작성하더라도 기획 의도와 달라질 수도 있다. 따라서 발표자는 발표자의 입장에서 발표 자료를 검토해야 한다. 발표자 입장에서 발표 자료를 검토한다는 것은 발표를 고려해 내용과 흐름을 검토하는 것을 의미한다.

하지만 발표자 입장에서 자료를 검토하는 것은 말처럼 쉬운 일은 아니다. 더욱이 제안 발표 경험이 많지 않은 발표자에게는 머리로는 이해해도 실무적으로는 자료 검토를 어디서부터 어떻게 시작해야 할지

난감할 수 있다.

발표자의 입장에서 발표 자료를 간단하고 효과적으로 점검하는 방법을 소개한다. 발표 자료는 크게 흐름과 내용의 두 가지 측면에서 검토해야 한다. 먼저 발표의 흐름을 점검하는 방법을 살펴보자.

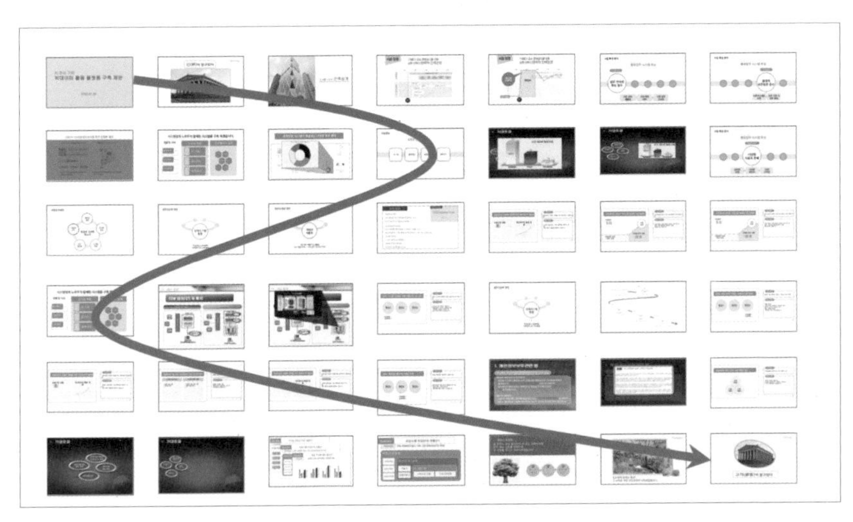

발표의 흐름 점검

발표 자료의 각각의 페이지에 대해 전달하려는 내용을 한 문장으로 요약(Leading Message)한다.

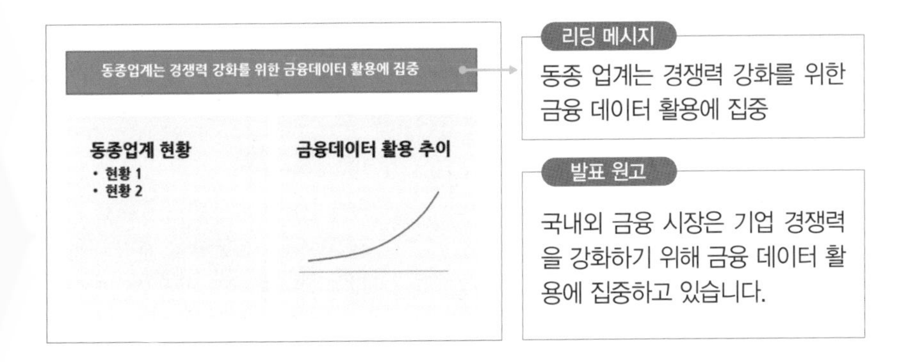

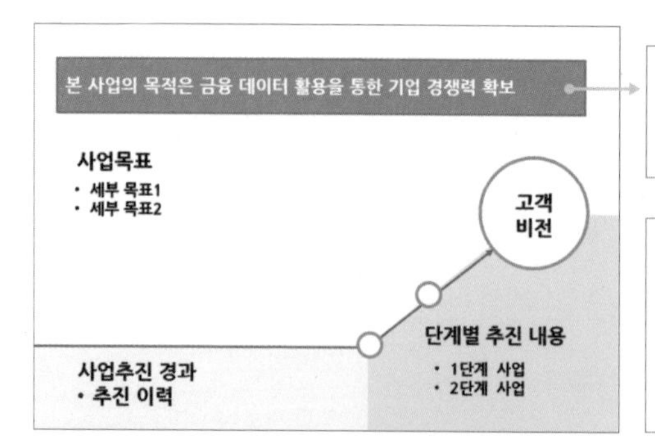

리딩 메시지

본 사업의 목적은 금융 데이터 활용을 통한 경쟁력 확보

발표 원고

금번 사업은 금융 데이터 활용을 통해 경쟁력을 확보하는 것을 목표로 하고 있습니다.

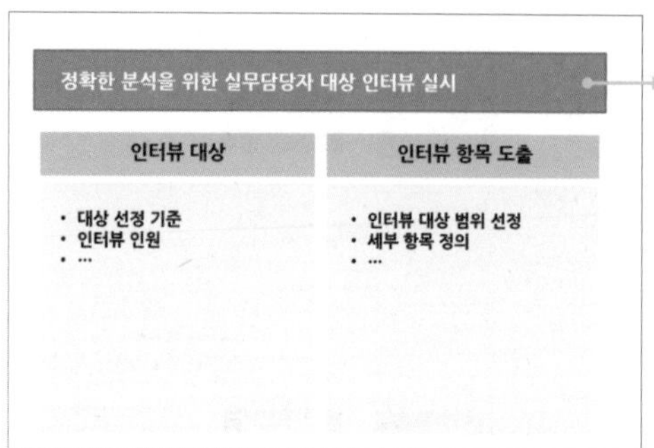

리딩 메시지

정확한 분석을 위한 실무 담당자 대상 인터뷰 실시

발표 원고

현황을 정확히 파악하기 위해서 현장의 실무 담당자를 대상으로 인터뷰를 실시했습니다.

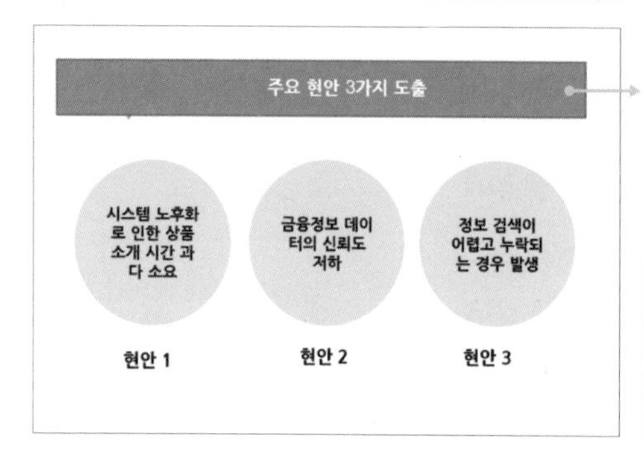

리딩 메시지

주요 현안 세 가지 도출

발표 원고

실무자를 대상으로 인터뷰를 실시하여 주요 현안 세 가지를 도출하였습니다.

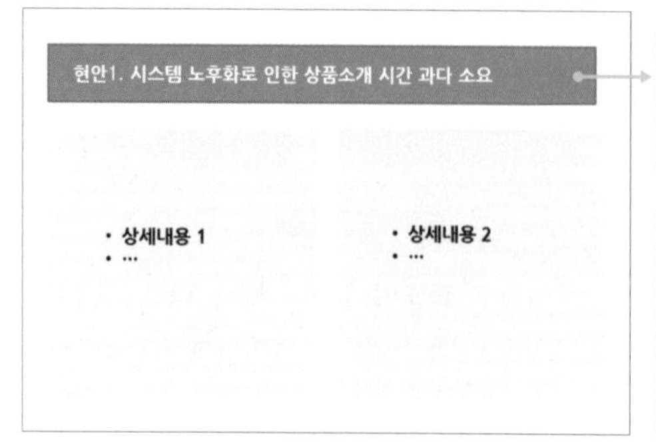

리딩 메시지

현안 1. 시스템 노후화로 인한 상품 소개 시간 과다 소요

발표 원고

첫째 현안은 시스템 노후화로 인해 고객에게 상품을 소개하는 데 많은 시간이 걸리고 있었습니다.

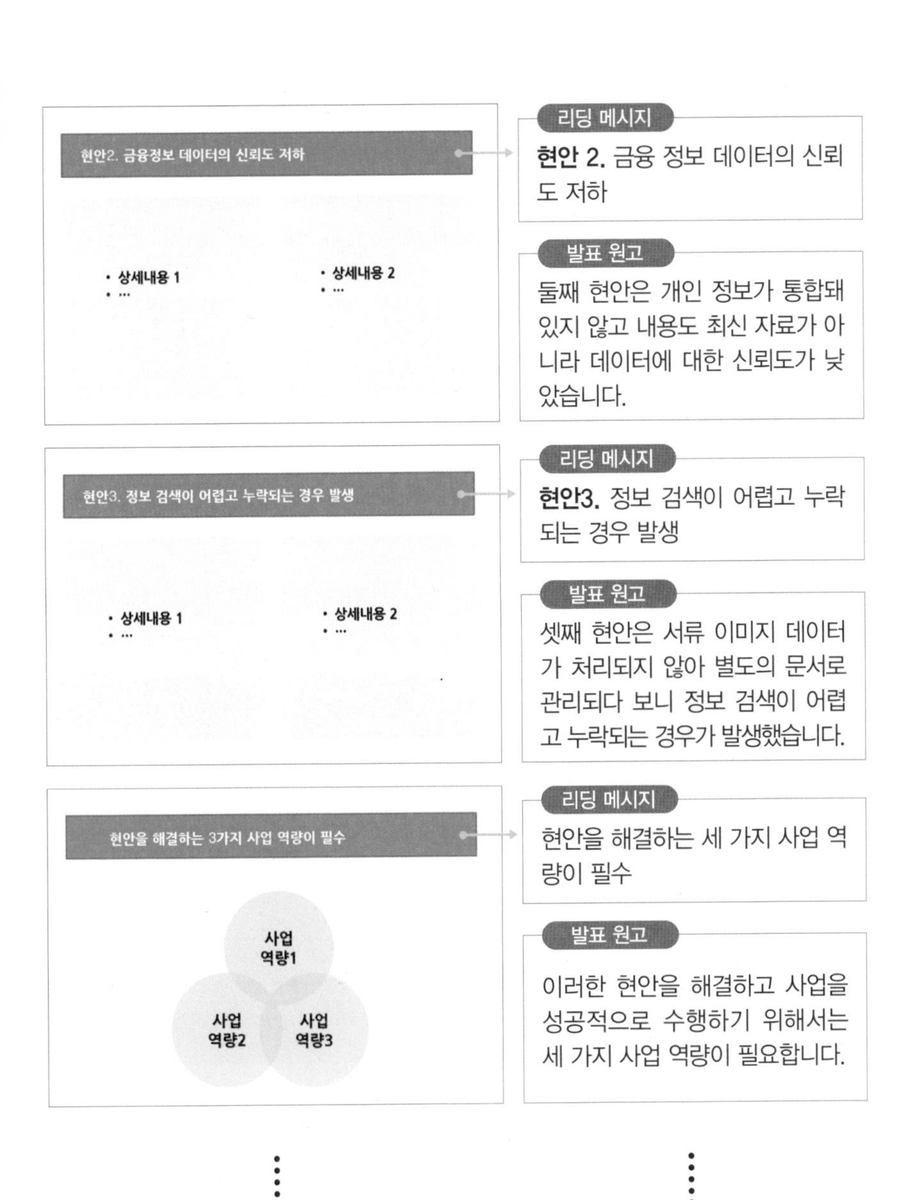

이렇게 하나의 문장으로 요약한 내용이 앞 문장과 뒷문장이 서로 자

연스럽게 연결되는지 점검한다. 요약된 문장이 하나의 스토리로 자연스럽게 연결되고 내용이 기승전결의 구도를 갖추고 있다면 일단 흐름은 잘 잡혀 있다고 볼 수 있다. 발표의 흐름이 잘 잡혀 있으면 발표자는 내용을 숙지하기도 쉽고 물 흐르듯이 자연스럽게 발표할 수 있게 된다. 따라서 앞뒤의 스토리 흐름이 잘 연결되지 않는 경우에는 내용의 흐름을 바꾸거나 작성한 내용을 수정하는 것을 고려해야 한다.

다음은 페이지별로 내용을 간단하게 점검하는 방법이다.

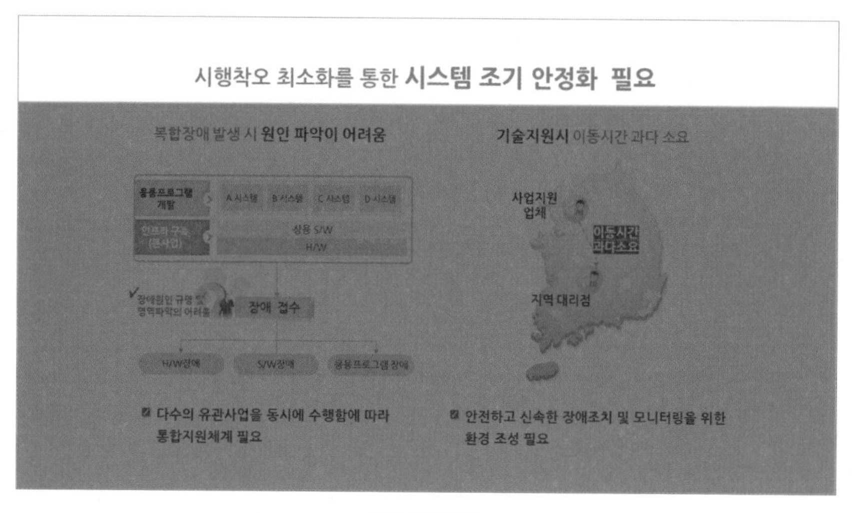

발표 자료 예시

자료 예시 화면처럼 전달하고자 하는 내용을 한 문장으로 요약하면 다음과 같다.

'시행착오를 최소화해 시스템을 조기에 안정화해야 합니다.'

검은색 박스 안에 있는 내용은 요약 문장과 어울리는 내용으로 작성해야 한다. 요약 문장에 따라 검은색 박스에 채워지는 내용이 다르지만, 검은색 박스에 올 수 있는 유형은 현황(이유), 해결 방안, 사례, 특장점(효과)으로 구성될 수 있다. 다음 몇 가지 예시를 살펴보자.

발표 원고 예시-이유

사업은 12개의 시스템의 데이터를 통합하는 사업입니다. 12개의 시스템에는 회계 금융 정보와 개인 정보가 복잡하게 연결돼 있으며 이를 일정 내에 통합된 데이터베이스로 구축하기 위해서는 시행착오 없이 사업을 수행해 시스템을 조기에 안정화하는 것이 반드시 필요합니다.

발표 원고 예시-사례

A 업체는 1년 전에 통합 데이터베이스 구축 사업을 수행했지만 구축업체의 사업 경험과 수행 역량이 부족해 5개월 간의 안정화 기간이 추가로 필요했습니다. B 업체의 경우에는 시스템 오픈 후 시스템이 정상적으로 작동을 하지 않아 고객 지원 시스템의 장애가 주기적으로 발생했습니다. 사업을 납기 내에 차질 없이 수행하기 위해서는 시행착오를 최소화해 시스템을 안정적으로 오픈할 수 있어야 합니다.

발표 원고 예시·해결 방안

제안사는 시행착오를 줄이기 위해 크게 두 가지 방안을 적용하겠습니다.

첫째, 자동화 툴을 활용해 DB의 정합성을 점검하겠습니다. 기존의 방식대로 개발자의 수작업으로 정합성을 점검하면 누락이 발생할 수 있고 작업 시간이 많이 소요돼 납기일을 지키기 어려울 수 있습니다.

둘째, 시스템 오픈 시 안정화 작업을 위해 시스템을 구축한 전문 엔지니어를 2개월 간 상주시키겠습니다. 이를 통해 시스템 장애가 발생했을 때 신속하게 대응할 수 있는 대응 체계를 갖추겠습니다.

위 사례들은 요약 문장과 검은색 박스에 내용이 비교적 잘 어울리지만 발표 자료를 검토하다 보면 의외로 어울리지 않는 조합을 많이 찾아낼 수 있다. 이러한 문제점을 조기에 발견하지 못하면 발표 시 애를 먹는 경우가 발생한다. 따라서 요약한 문장과 페이지의 내용이 연관성이 떨어지면 요약한 문장을 수정하거나 페이지에 담겨진 내용을 수정해야 한다.

발표 자료는 디자인 요소와 내용의 도식화 등 중요한 요소가 많지만, 발표자의 입장에서는 발표의 흐름과 발표할 내용만 잘 점검해도 내용을 의도한 대로 전달할 수 있다.

지금까지 설명한 두 가지 발표 자료 점검 방법은 간단하지만 유용한 방법으로, 실무에서 많이 활용하는 방식이다.

"말의 힘을 이해하지 못하면
인간을 이해하지 못한다."

\- 공자

Section 14

발표에서는 자신감이 첫 번째이다

발표를 할 때는 심리적인 요인도 크게 작용한다. 오래전 일이지만 필자가 처음으로 많은 사람 앞에서 발표할 기회가 있었다. 여러 부서의 동료와 관리자 앞에서 발표하는 것은 생각보다 긴장이 많이 됐다. 그동안 준비한 내용을 발표했지만 등에서는 땀이 나고 시간이 어떻게 지나갔는지 아무것도 생각나지 않았다. 두 번 다시 경험하고 싶지 않았다. 그나마 위안이 되는 것은 발표가 끝났다는 것이다. 참석했던 동료들이 다가와 한마디씩 한다.

"발표 잘했어."

"자신감만 좀 더 있으면 좋았을 걸."

발표를 할 때 자신감을 갖는 것은 중요하다. 자신감이야말로 발표자가 신념을 보여 주기 위해 필요하며 딱딱하지 않고 자연스럽게 발표할 수 있는 에너지이다. 자신감은 자기 확신이고 믿음이다. 자신감은 어떻게 키울 수 있을까? 자신감을 갖는 것은 생각만큼 단순한 일이 아니다. 자신감을 갖기 위해서는 경험과 연습이 필요하다. 물론 자신의 성격도 영향을 미친다.

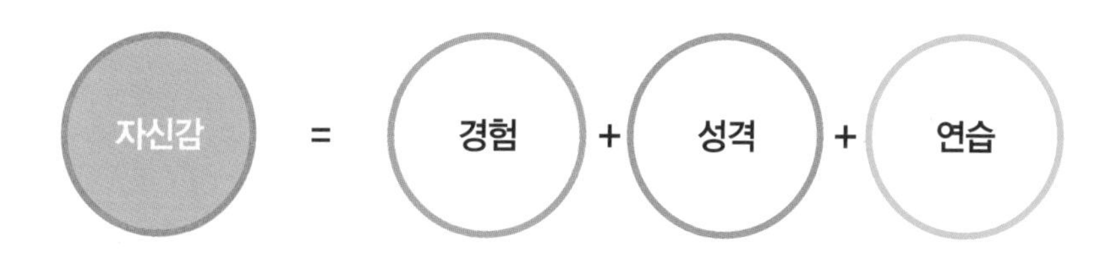

경험(Experience)

자신감을 갖기 위해서는 발표 경험이 많아야 한다. 공부를 잘하는 사람은 갑자기 공부를 잘하게 된 것이 아니다. 어릴 때부터 꾸준히 공부를 하고 매번 크고 작은 시험을 치르면서 주변 사람에게 공부 잘하는 학생으로 인정받게 되고 본인도 공부를 잘하는 것을 당연하다고 생각하게 된다. 자연스럽게 공부 잘하는 학생의 반열에 오르며 공부에 대한 자신감이 쌓인다. 시험을 보면 좋은 점수를 받는 것은 당연한 일이 된다. 발표도 마찬가지이다.

발표에 자신감이 있는 사람은 예전에 크고 작은 발표 경험이 있었기 때문이다. 발표를 하다 보면 발표를 잘한다고 주변에서 이야기를 듣게 되고 발표가 있을 때마다 1순위 후보가 된다. 시간이 지날수록 발표 기회가 많아지고 자신감은 점점 더 커진다. 발표 경험은 자신감을 얻는 데 중요한 역할을 하지만 실패한 경험은 오히려 독이 되기도 한다.

발표를 망친 경험은 트라우마로 작용하기 때문이다. 준비하지 않고 다른 사람 앞에 나서면 회복하기 어려운 상처를 받을 수 있다. 학창 시절에 받은 상처는 평생 갈 수 있고 직장에서 발표를 망치면 영영 발표의 기회를 얻지 못하는 상황에 처할 수도 있다.

발표 경험이 긍정적인 에너지가 되기 위해서는 사전에 철저한 준비가 필요하다. 제안 발표를 앞두고 발표 경험을 쌓는 것은 불가능하지만, 팀원들과의 미팅에서 주도적으로 발표(Small Talk)하는 시간을 늘리는 것도 좋은 방법이다. 발표의 중요성과는 관계없이 여러 번의 성공적인 발표 경험은 자신감의 원동력이 된다. 처음은 어렵지만 발표 경험이 쌓이기 시작하면 어느새 청중 앞에 서는 것이 설레는 날이 올 것이다.

성격(Personality)

대중 앞에 나서는 것을 좋아하거나 싫어하는 것은 개인의 성격과도 밀접한 연관이 있다. 내성적인 사람보다 성격이 밝고 적극적인 사람이 발표를 잘할 가능성이 높다. 성별로는 여성이 발표에 더 유리하다. 여성은 남성보다 섬세하고 말하기를 좋아하며 공감 능력이 높아 리액션을 잘해 준다. 남성의 경우에는 생각이 많고 상대적으로 말수가 적다. 연령으로 볼 때 젊은 사람들은 웃음이 많고 사소한 것에도 말이 많지만 나이를 먹을수록 신중하게 말하는 경향이 있다. 성격은 타고 나는 것인데 어쩌란 말인가?

그렇다. 성격은 쉽게 고쳐지지 않는다. 하지만 개인의 노력으로 성격에서 오는 단점은 일정 부분 개선할 수 있다.

연예인들 중 많은 사람이 내성적인 성격을 갖고 있다. 상을 받으려고 시상식에 가는 배우가 두려워하는 모습을 이해할 수 있는가?

TV에 보여지는 넉살스러운 모습은 하나의 콘셉트일 뿐이고 실제 모습과는 다른 경우가 많다. 성격이 내성적이거나 말수가 적은 성향을 갖고 있다면 개인적으로 말을 더 많이 하려는 노력이 필요하다. 오히려 차분함과 언변이 결합되면 더 큰 안정감을 줄 수 있다. 특히, 밝은 표정을 갖도록 노력하는 것이 필요하다. 많이 웃으면 얼굴이 밝아지고 성격도 긍정적으로 바뀐다. 누군가 말을 하면 옳고 그름을 판단하기보다 경청하고 긍정적인 리액션을 보내 준다면 말하는 사람에게 좋을 뿐 아니라 듣는 사람에게도 긍정의 에너지가 넘친다. 하루하루 잘 웃고 밝게 생활하다 보면 성격은 외향적으로 바뀌고 말도 많아지게 된다.

"인간은 환경에 의해 지배되지만 한편으로 그 환경을 변화시킨다."라는 말처럼 형성된 성격도 주변 환경과 삶의 태도에 따라 조금씩 바뀌기도 한다. 밝은 성격은 발표 기술보다 더 큰 자신감을 만들어 준다. 좋은 성격을 갖도록 꾸준히 노력하자.

연습(Practice)

발표의 자신감을 얻는 또 하나의 방법은 연습이다. 자신감이 떨어지면 발표를 앞두고 잠도 못 이룰 정도로 극도의 스트레스를 받게 된다. 밥맛도 없고 문득 발표장이 떠오르며 온몸에 힘이 빠지기도 한다. 중요한 발표를 앞두고 있는 발표자에게는 더더욱 그렇다. 이런 스트레스를 완화하는 가장 좋은 방법은 연습뿐이다. 발표 연습을 하면서 발표에 대한 허상이 아닌 실체를 볼 수 있게 돼 스트레스를 경감시킬 수 있게 된다.

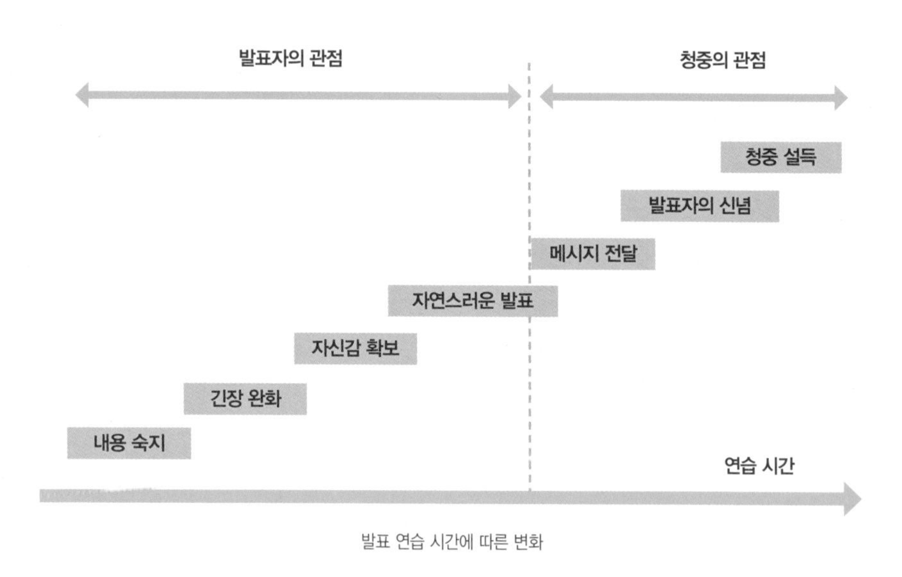

발표 연습 시간에 따른 변화

가장 무서운 것은 마음 속에 막연한 허상이 그려 낸 공포감이다. 자신감과 연관된 경험, 연습, 성격의 세 가지 중 단기에 많은 효과를 얻을 수 있는 것은 '연습'이다. 잠이 안 올 정도로 불안하면 연습하고 또 연습하자. 연습에 집중하다 보면 불안감은 줄어들고 연습량이 충분해지면 자신감도 얻게 된다.

자신감은 연습을 통해 자기 확신을 하는 과정이다. 자신감이 쌓이기 위해서는 경험과 성격 그리고 연습이 중요하다고 했지만 그중 으뜸은 연습이라는 것을 잊지 말자. 연습을 하면 자신감이 생기지만 연습을 하지 않으면 갖고 있던 자신감도 자만심으로 바뀌게 된다.

프레젠테이션은 사회의 구성원으로서 회피의 대상이 아니라 극복의 대상입니다. 학교를 다닐 때는 핑계를 대고 PT를 피할 수 있었고 친구들 앞에서 PT를 한다 하더라도 공을 많이 들이지 않아도 됐습니다. 하지만 본격적인 사회 생활을 시작하면서 발표는 피한다고 해서 피할 수 있는 것이 아니었습니다. 전산학을 전공한 이공계 출신으로 컴퓨터 앞에서 프로그래밍만 하던 저자에게 회사에서 발표를 하는 것은 감당하기 어려울 정도로 고통스러운 시간이었습니다. 더욱이 우연하게 제안 지원 부서에서 일을 하게 됐고 운명처럼 PT 코치를 담당하게 되면서 저에게는 큰 시련과 도전이 시작됐습니다. 이 책에서도 언급했지만 PT는 발표를 잘하는 사람에게는 그저 본인을 돋보이게 만드는 순간이지만 발표를 못하는 사람에게는 엄청난 공포가 될 수 있습니다. 하지만 다행스럽게도 발표에 대한 공포심은 저에게 에너지로 발현됐습니다.

스피치 학원에 등록하고 지역 커뮤니티에서 꾸준히 발표 연습을 했으며 여러 서적을 읽으면서 PT 역량을 향상시키는 열정의 에너지로 활용했습니다. 시간이 지나면서 발표에 대한 두려움도 조금씩 개선됐으며 예전의 나의 모습은 PT 코치 시에 발표자의 입장을 좀 더 이해할 수 있는 자양분이 됐습니다.

발표에 대한 두려움은 에너지입니다. 만약 독자분도 발표에 대한 두려움이 있다면 그것을 연습과 준비의 에너지로 활용하시기 바랍니다.

발표를 잘하기 위해서는 발표할 내용을 잘 알아야 하고, 아는 것을 구조화하고, 구조화한 것을 잘 들리게 전달할 수 있어야 합니다. 이렇듯 사람들 앞에서 발표를 잘하는 것은 쉬운 일이 아니지만 분명한 것은 훈련과 연습을 통해 충분히 발표를 잘할 수 있다는 것입니다. 단지 꾸준한 연습이 필요할 뿐입니다.

운동선수가 매일 훈련을 하듯이 발표를 잘하기 위해서는 끊임없이 갈고 닦아야 합니다. 운동선수가 연습을 하지 않으면 근육이 약해지고 새로운 기술을 적용할 수 없는 것과 같은 이치라고 할 수 있습니다.

이 책은 현장에서 PT 코치를 하면서 터득한 내용 중 꼭 알아야 할 것을 중심으로 간추려 작성했습니다. 하지만 PT를 잘하기 위한 여정에서 이 책은 끝이 아닌 시작점일 뿐입니다. 이 책이 독자의 발표 역량을 키울 수 있는 마중물이 되기를 바랍니다.

마음을 담아 독자님의 멋진 발표, 개성 있는 발표를 응원합니다.

감사합니다.

이것만 알면 **프레젠테이션 전문가**

2023. 4. 12. 초 판 1쇄 인쇄
2023. 4. 19. 초 판 1쇄 발행

지은이 | 전병진
펴낸이 | 이종춘
펴낸곳 | BM (주)도서출판 성안당
주소 | 04032 서울시 마포구 양화로 127 첨단빌딩 3층(출판기획 R&D 센터)
10881 경기도 파주시 문발로 112 파주 출판 문화도시(제작 및 물류)
전화 | 02) 3142-0036
031) 950-6300
팩스 | 031) 955-0510
등록 | 1973. 2. 1. 제406-2005-000046호
출판사 홈페이지 | **www.cyber.co.kr**
ISBN | 978-89-315-5976-7 (13320)
정가 | **19,000원**

이 책을 만든 사람들
책임 | 최옥현
기획 · 진행 | 박현수, 안종군
교정 · 교열 | 안종군
본문 · 표지 디자인 | 앤미디어, 박원석
홍보 | 김계향, 유미나, 이준영, 정단비
국제부 | 이선민, 조혜란
마케팅 | 구본철, 차정욱, 오영일, 나진호, 강호묵
마케팅 지원 | 장상범
제작 | 김유석

■ **도서 A/S 안내**

성안당에서 발행하는 모든 도서는 저자와 출판사, 그리고 독자가 함께 만들어 나갑니다.
좋은 책을 펴내기 위해 많은 노력을 기울이고 있습니다. 혹시라도 내용상의 오류나 오탈자 등이 발견되면 **"좋은 책은 나라의 보배"**로서 우리 모두가 함께 만들어 간다는 마음으로 연락주시기 바랍니다. 수정 보완하여 더 나은 책이 되도록 최선을 다하겠습니다.
성안당은 늘 독자 여러분들의 소중한 의견을 기다리고 있습니다. 좋은 의견을 보내주시는 분께는 성안당 쇼핑몰의 포인트(3,000포인트)를 적립해 드립니다.

잘못 만들어진 책이나 부록 등이 파손된 경우에는 교환해 드립니다.